W0255415

essentials

essentials liefern aktuelles Wissen in konzentrierter Form. Die Essenz dessen, worauf es als „State-of-the-Art" in der gegenwärtigen Fachdiskussion oder in der Praxis ankommt. *essentials* informieren schnell, unkompliziert und verständlich

- als Einführung in ein aktuelles Thema aus Ihrem Fachgebiet
- als Einstieg in ein für Sie noch unbekanntes Themenfeld
- als Einblick, um zum Thema mitreden zu können

Die Bücher in elektronischer und gedruckter Form bringen das Expertenwissen von Springer-Fachautoren kompakt zur Darstellung. Sie sind besonders für die Nutzung als eBook auf Tablet-PCs, eBook-Readern und Smartphones geeignet. *essentials:* Wissensbausteine aus den Wirtschafts-, Sozial- und Geisteswissenschaften, aus Technik und Naturwissenschaften sowie aus Medizin, Psychologie und Gesundheitsberufen. Von renommierten Autoren aller Springer-Verlagsmarken.

Weitere Bände in der Reihe http://www.springer.com/series/13088

Walther Pielke

Tax Compliance

Effektive Organisation der Einhaltung steuerlicher Pflichten

Walther Pielke
Dießen am Ammersee, Deutschland

ISSN 2197-6708 ISSN 2197-6716 (electronic)
essentials
ISBN 978-3-658-22729-6 ISBN 978-3-658-22730-2 (eBook)
https://doi.org/10.1007/978-3-658-22730-2

Die Deutsche Nationalbibliothek verzeichnet diese Publikation in der Deutschen Nationalbibliografie; detaillierte bibliografische Daten sind im Internet über http://dnb.d-nb.de abrufbar.

© Springer Fachmedien Wiesbaden GmbH, ein Teil von Springer Nature 2018
Das Werk einschließlich aller seiner Teile ist urheberrechtlich geschützt. Jede Verwertung, die nicht ausdrücklich vom Urheberrechtsgesetz zugelassen ist, bedarf der vorherigen Zustimmung des Verlags. Das gilt insbesondere für Vervielfältigungen, Bearbeitungen, Übersetzungen, Mikroverfilmungen und die Einspeicherung und Verarbeitung in elektronischen Systemen.
Die Wiedergabe von Gebrauchsnamen, Handelsnamen, Warenbezeichnungen usw. in diesem Werk berechtigt auch ohne besondere Kennzeichnung nicht zu der Annahme, dass solche Namen im Sinne der Warenzeichen- und Markenschutz-Gesetzgebung als frei zu betrachten wären und daher von jedermann benutzt werden dürften.
Der Verlag, die Autoren und die Herausgeber gehen davon aus, dass die Angaben und Informationen in diesem Werk zum Zeitpunkt der Veröffentlichung vollständig und korrekt sind. Weder der Verlag noch die Autoren oder die Herausgeber übernehmen, ausdrücklich oder implizit, Gewähr für den Inhalt des Werkes, etwaige Fehler oder Äußerungen. Der Verlag bleibt im Hinblick auf geografische Zuordnungen und Gebietsbezeichnungen in veröffentlichten Karten und Institutionsadressen neutral.

Gedruckt auf säurefreiem und chlorfrei gebleichtem Papier

Springer ist ein Imprint der eingetragenen Gesellschaft Springer Fachmedien Wiesbaden GmbH und ist ein Teil von Springer Nature
Die Anschrift der Gesellschaft ist: Abraham-Lincoln-Str. 46, 65189 Wiesbaden, Germany

Was Sie in diesem *essential* finden können

- Einen Überblick über die Gründe, die eine strukturierte Tax Compliance für Unternehmen unumgänglich machen.
- Die Beschreibung der Bestandteile eines wirksamen Tax Compliance Management Systems
- Auf welche steuerlichen Probleme Sie bei Einführung und Anwendung von Tax Compliance achten müssen

Über dieses Buch

Das *essential* vermittelt einen Überblick über die Rahmenbedingungen von Tax Compliance. Es erläutert die verschiedenen Gründe, weshalb ein Tax Compliance Management System (Tax CMS) notwendig ist und stellt verschiedene Standards für ein solches System vor. Die einzelnen Bestandteile eines Tax CMS werden anhand des in Deutschland gebräuchlichsten Standards, des IDW PS 980, vorgestellt. Dabei werden nicht nur die Funktionen des Management Systems sondern auch die jeweiligen Herausforderungen aus der steuerlichen Praxis beleuchtet.

Inhaltsverzeichnis

Einführung – Was ist Compliance?

1

Unternehmen sind dafür verantwortlich, dass in ihrem Betrieb die rechtlichen Rahmenbedingungen, also Gesetze und Verordnungen, eingehalten werden. Diese Selbstverständlichkeit wurde früher und wird vereinzelt heute noch als „ehrbarer Kaufmann" (vgl. § 1 Abs. 1 IHKG) bezeichnet.

In den letzten Jahren hat sich in der Wirtschaft der Begriff der Compliance etabliert. Der Ursprung liegt im anglo-amerikanischen Rechts- und Wirtschaftskreis, der stärker als der deutsche auf Selbstregulierung setzt. Mindestaufgabe einer Compliance-Organisation ist deshalb auch, dass das Unternehmen sich gesetzeskonform verhält. Compliance ist keine rein rechtliche Materie im klassischen Sinne. Dazu gehört immer auch das Management von Compliance. Die Einhaltung von Gesetzen und sonstigen (z. B. unternehmensinternen) Vorschriften soll nach wirtschaftlichen Grundsätzen gemanagt werden.

Häufig umfasst Compliance aber nicht nur die Einhaltung aller relevanten Rechtsvorschriften zur Vermeidung von Strafe, sondern soll bereits früher ansetzen. So kann in einigen Ländern die nicht rechtzeitige Zahlung von Steuern dazu führen, dass Unternehmen von der öffentlichen Auftragsvergabe ausgeschlossen sind.

Auch soll Compliance verhindern, dass durch Steuerunregelmäßigkeiten die Reputation des Unternehmens leidet.

Dieses *essential* beleuchtet zunächst die Gründe für ein Tax Compliance Management System und die Grundprinzipien des Compliance Managements. Abschließend wird die praktische Umsetzung bezogen auf die Eigenheiten des Steuerrechts beleuchtet.

© Springer Fachmedien Wiesbaden GmbH, ein Teil von Springer Nature 2018
W. Pielke, *Tax Compliance,* essentials,
https://doi.org/10.1007/978-3-658-22730-2_1

1.1 Begriffsdefinition

Für Compliance existiert im deutschen Rechtskreis bisher keine Legaldefinition. Deshalb sollte zunächst begrifflich klargestellt werden, worum es bei Compliance geht.

1.1.1 Compliance

Compliance bedeutet zunächst nur „Einhaltung", „Befolgung", „Konformität" oder „Übereinstimmung". Der Begriff bezeichnet damit nichts weiter als eine Entsprechung mit etwas anderem. Durch die anglo-amerikanische Rechtspraxis hat er sich zu einem Synonym für den Begriff „Regelbefolgung" entwickelt. Wobei unter „Regeln" nicht nur staatliche, sondern auch selbst auferlegte Normen, z. B. ethische Unternehmensrichtlinien verstanden werden. Compliance bezeichnet mit einem Wort die Pflicht zur Befolgung von Regeln.

Compliance ist mittlerweile auch, als Konsequenz europäischen Rechts, in deutsche Gesetze eingezogen. So finden sich für den Finanzsektor Vorschriften zur Compliancepflicht in § 25a Abs. 1 Satz 3 KWG, § 33 Abs. 1 Satz 1 Ziffer 1 WpHG oder Art. 61 der Level II-Verordnung. Eine ausdrückliche, allgemein verbindliche, gesetzliche Pflicht zur Einführung eines Compliance Management Systems für alle Unternehmen existiert bisher aber noch nicht.

1.1.2 Tax Compliance

Tax Compliance bezeichnet die Einrichtung und Unterhaltung eines Systems zur Sicherstellung und Befolgung steuerlicher Gesetze und Vorgaben der Finanzverwaltung (Seer 2016, S. 2198).

Was Tax Compliance ausmacht, wird zuweilen auch als internes Kontrollsystem (IKS) bezeichnet. Das IKS folgt aus der gesetzlichen Pflicht für bestimmte Unternehmen aus § 289 Abs. 4 HGB zur Einrichtung eines internen Kontroll- und Risikomanagementsystems. Dieses Instrument soll der Unternehmensleitung dabei helfen, Risiken aus dem Betrieb des Unternehmens zu erkennen und zu kontrollieren. Solche Systeme bestehen in den meisten Unternehmen ohnehin; sind aber nicht dokumentiert oder systematisiert. Das IKS dient damit der Unternehmenskontrolle im Hinblick auf die wirtschaftlichen Risiken aus der Unternehmenstätigkeit. Diese Risiken können sich auch in Rechtsrisiken, etwa durch

Bußgelder oder andere Nachteile manifestieren, z. B. das kommende „Register zum Schutz des Wettbewerbs um öffentliche Aufträge und Konzessionen“ für Unternehmen die von öffentlichen Auftragsvergaben auszuschließen sind.

Inhaltlich besteht im Hinblick auf die Funktion von Compliance kein Unterschied zwischen den Termini. Das IKS greift viele Aspekte eines Compliance Management Systems auf. Allerdings ist das IKS nicht in dem Maße systematisiert. Die Implementierung eines Compliance Management Systems geht damit über die Einrichtung eines IKS hinaus, als sie eine stärker definierte und systematisierte Organisation erfordert. Außerdem können die Ziele eines Compliance Management Systems über den zunächst betriebswirtschaftlichen Zweck eines IKS hinausreichen; sie können auch Unternehmenspolitische Ziele wie die Außendarstellung umfassen.

Aus Vereinfachungsgründen werden die Begriffe Compliance Management System mit CMS und Tax Compliance Management System mit Tax CMS abgekürzt.

1.2 Warum Compliance?

Für die Einführung eines CMS gibt es mehrere Gründe und Anreize:

1.2.1 Schärfere Verfolgung von Steuervergehen

Die Rahmenbedingungen für die Behandlung von Unregelmäßigkeiten in der Besteuerungspraxis haben sich durch eine Verschärfung der Rechtsprechung und des Rechtsrahmens zuungunsten der Steuerpflichtigen verändert.

Die Rechtsprechung schöpft den Strafrahmen für Steuerhinterziehung kontinuierlich strikter aus, nachdem der BGH 2008 entschied, dass eine Strafaussetzung auf Bewährung nicht möglich ist, wenn die hinterzogene Steuer mehr als eine Million Euro beträgt (1 StR 416/08). Das Gericht stellte 2012 nochmals klar, dass eine Bewährungsstrafe auch bei nicht vorbestraften Ersttätern ab einer Gesamtsumme hinterzogener Steuern von mehr als einer Million Euro grundsätzlich nicht mehr in Betracht kommt (1 StR 525/11).

Eine Million Euro sind in Anbetracht der bis zu zehnjährigen Verfolgungsverjährung gemäß § 370 Abs. 3 AO und § 376 AO schnell erreicht. Unregelmäßigkeiten bei Umsatzsteuersachverhalten können auch bei mittelständischen Unternehmen leicht fünfstellige Beträge pro Veranlagungszeitraum ausmachen werden und zumeist erst nach Jahren aufgedeckt. Hinzu kommt, dass die Erheblichkeitsschwelle für eine schwere Steuerstraftat gemäß § 370 Abs. 3 AO – und damit die zehnjährige Verjährungsfrist – nach der Rechtsprechung des BGH bei 50.000 € für aktiv hinterzogene, bzw. 100.000 € für nicht veranlagte Steuern liegt.

Zu der allgemeinen Verschärfung der steuerrechtlichen Rahmenbedingungen gehört auch die Restriktion der Möglichkeiten zur Selbstanzeige durch die Reform der §§ 370 ff. AO. Abgesehen davon, dass die Selbstanzeige gem. § 371 Abs. 1 AO generell alle Steuerarten der letzten zehn Jahre vor Antragstellung berichtigen muss, ist sie nunmehr für einzelne Sachverhalte gänzlich ausgeschlossen. Nach § 371 Abs. 2 Ziffer 2 bzw. Ziffer 3 AO tritt die strafbefreiende Selbstanzeige nicht ein, wenn die hinterzogene Steuer je Einzelfall 25.000 € übersteigt, bzw. ein schwerer Fall gem. § 370 Abs. 3 Ziffer. 2-6 AO vorliegt. Vor allem die Grenze von 25.000 € kann durch Unternehmen mit Umsatzsteuer-Vergehen schnell erreicht werden.

Ein weiterer Punkt ist die Rolle der Finanzverwaltung. Konnten Unternehmen und ihre Berater früher zumeist steuerrechtliche Meinungsverschiedenheiten unbürokratisch mit dem zuständigen Finanzamt klären, zeigt sich die Finanzverwaltung seit Jahren immer unzugänglicher (Kromer et al. 2013, S. 156). Es ist zu einer gewissen „Kriminalisierung" des Besteuerungsverfahrens gekommen. Zum Beispiel ist es bei Betriebsprüfungen nahezu aussichtslos, Prüfer von einem einmal gefassten Verdacht einer Steuerstraftat wieder abzubringen. Der dazu maßgebliche § 10 Abs. 1 BPO verpflichtet den Prüfer bei Anhaltspunkten für eine Straftat „unverzüglich" die Steuerfahndung einzuschalten. Das gilt sinngemäß nach § 10 Abs. 2 BPO auch für Ordnungswidrigkeiten. Dem Prüfer verbleibt mithin keine andere Wahl, als die Steuerfahndung einzuschalten, um nicht selbst disziplinarischen Konsequenzen ausgesetzt zu sein.

1.2.2 Honorierung von CMS-Systemen durch die Rechtsprechung

Angesichts der verhältnismäßig niedrigen Grenzen der objektiven Hinterziehungstatbestände kommt der Beurteilung der subjektiven Seite, also der Frage nach Vorsatz oder Fahrlässigkeit eine immer größere Bedeutung zu. Hier hat die Rechtsprechung in mehreren Entscheidungen erkennen lassen, dass ein vorhandenes und funktionierendes CMS die Unternehmensverantwortlichen vor einer Haftung schützen kann (Kowallik 2017b, S. 2572).

Deutlich wurde dies zuerst durch die sogenannte Siemens-Neubürger-Entscheidung des LG München I vom 10.12.2013 (5 HKO 1387/10). Das CMS der Siemens AG verhinderte nicht, dass sich ein bereits länger etabliertes System schwarzer Kassen, weiter halten konnte, aufgedeckt wurde und maßgeblicher Grund für die Verhängung von Geldstrafen durch deutsche und US-amerikanische Behörden war. Der von Siemens verklagte ehemalige Vorstand konnte sich nicht mit dem Verweis auf das von ihm verantwortete Compliance-System entlasten. Das Gericht hielt die bloße Existenz eines Compliance-Systems nicht für ausreichend, um den Fahrlässigkeitsvorwurf entfallen zu lassen. Das System sei zwar eingerichtet, aber nicht ernsthaft betrieben worden. Der beklagte Manager war deshalb gem. § 93 Abs. 1 AktG regeresspflichtig. Compliance muss also auch gelebt und insbesondere durch das Management ernst genommen werden. Hätte das CMS bei Siemens funktioniert, wäre die Haftungsklage wohl nicht erfolgreich gewesen.

Auch der BGH hat mit einer Entscheidung vom 09.05.2017 (1 StR 265/16) erkennen lassen, dass ein CMS für die Verantwortung von trotzdem auftretenden Verstößen relevant sein kann. Wichtig ist dabei aber, ähnlich dem o. g. Urteil des LG München, dass es sich um ein ernsthaftes CMS handeln muss. Die rein formale Installation des CMS, ohne es mit Leben zu füllen, reicht also nicht aus. Umgekehrt kann ein funktionierendes CMS dem Unternehmen Geld sparen, denn es kann helfen, Bußgelder zu vermeiden oder zu mindern (Bürkle 2018, S. 525).

1.2.3 Forderung nach Compliance durch die Finanzverwaltung

Auch die Finanzverwaltung misst Tax Compliance mittlerweile stärkere Bedeutung bei. Bisher wurde nur punktuell eine etablierte Compliance zur Verifizierung elektronischer Rechnungen in § 14 Abs. 1 UStG und dem dies erläuternden Abschnitt 14.4 Abs. 6 des Umsatzsteuer-Anwendungserlasses (USTAE) vorausgesetzt. Versteckt in einem Rundschreiben vom 23.06.2016 zur Änderung des Anwendungserlasses zu § 153 AO[1] hat die Finanzverwaltung *en passant* einen deutlicheren Anreiz zur Implementierung von Tax CMS bei deutschen Unternehmen gesetzt.

Der Erlass ändert den Anwendungserlass zur Abgabenordnung (AEAO) – die für die Finanzämter maßgebliche Auslegung des Steuerrechts. Er fasst die Voraussetzungen zusammen, unter denen eine berichtigte Steuererklärung vom Finanzamt nicht als Selbstanzeige, sondern straflose Korrektur nach § 153 AO zu werten ist. Entscheidend ist dabei die subjektive Seite, also ob der Steuerpflichtige bei

[1]BMF-Scheiben vom 23.05.2016, Az. IV A 3-S 0324/15/10001.

der aufgedeckten Steuerpflichtversäumnis vorsätzlich, leichtfertig oder ohne beides handelte. In Nr. 2.6 Satz 6 AEAO wird das Vorliegen eines Tax CMS als Indiz gegen Vorsatz oder Leichtfertigkeit genannt.

Die Finanzverwaltung brachte damit erstmals deutlich zum Ausdruck, dass sie vorhandene Tax CMS zugunsten des Steuerpflichtigen berücksichtigen will. Das bedeutet einen deutlichen Anreiz zur Einrichtung eines Tax CMS. Mit ihm können sich Steuerpflichtige selbst und ihre gesetzlichen Vertreter vor Steuernachforderungen und Haftungsansprüchen schützen. Es kann auch die Zusammenarbeit mit Betriebsprüfern wieder entschärfen (Seer 2016, S. 2197). Diese können eine vorhandene Tax Compliance nun in Ihre Prüfung einbeziehen und haben damit bei der Beurteilung, ob strafbares Verhalten vorliegt, wieder einen deutlichen Spielraum.

Zu den konkreten Anforderungen an die Tax Compliance hat die Finanzverwaltung nichts gesagt und will das offensichtlich der Ausgestaltung durch die Praxis und Rechtsprechung überlassen. Sicher muss ein Tax CMS, um eine Wirkung gemäß Nr. 2.6 § 153 AEAO entfalten zu können bereits eingerichtet gewesen sein, bevor es zu der zu prüfenden steuerlichen Unregelmäßigkeit gekommen war. Welche Anforderungen im Einzelnen daran zu richten sind, ist jedoch unklar.

1.3 Wie sollte Compliance funktionieren – Prüfungsrahmen für Tax Compliance

Hier bieten sich die mittlerweile etablierten Prüfungsstandards an. Sowohl international mit dem ISO 19600 und auch national mit dem IDW PS 980 existieren Regelwerke, die einen gewissen Mindeststandard für ein Compliance System vorgeben.

1.3.1 ISO 19600

Die ISO-Norm 19600 wurde 2014 verabschiedet und zuletzt 2016 revidiert. Sie basiert auf Vorentwicklungen aus Australien und Österreich. Der Standard soll Unternehmen helfen, regelwidriges Verhalten von Mitarbeitern zu verhindern und die Rechtstreue zu dokumentieren. Die Norm beschreibt ein umfassendes Compliance-System (s. Abb. 1.1), ohne auf die Besonderheiten von Tax Compliance einzugehen. Es enthält Empfehlungen und Beispiele für die Umsetzung der einzelnen Komponenten. Das System basiert auf sechs Modulen.

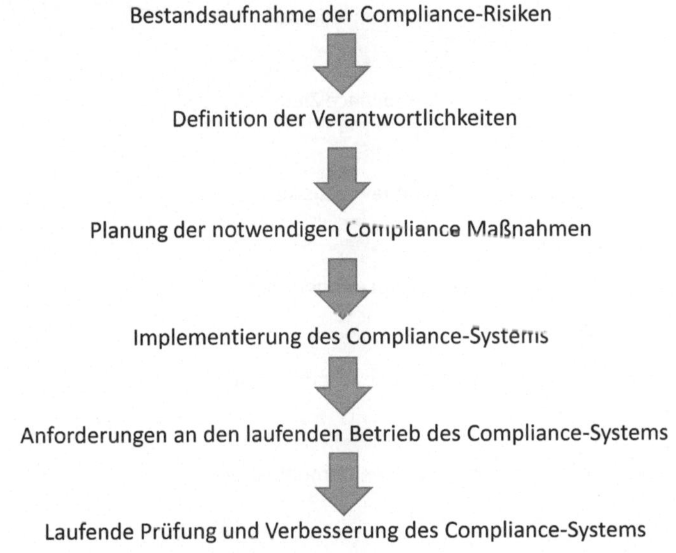

Abb. 1.1 Bestandteile eines Compliance Managementsystems gemäß ISO 19600

Bei der Norm handelt es sich um ein sog. Typ B-Managementsystem. Es enthält lediglich Empfehlungen für Aufbau und Struktur eines Compliance-Systems, nicht aber verbindliche Vorgaben. Es ist damit grundsätzlich nicht für eine Zertifizierung vorgesehen, auch wenn diese gleichwohl von Dienstleistern angeboten wird. Die müssen sich dann allerdings eigene Prüfungsstandards jenseits der ISO 19600-Regeln geben, die keiner neutralen Überprüfung unterliegen.

Ob diese – nicht standardisierten – Prüfungen allerdings einen Mehrwert im Hinblick auf die Erwartungen der Finanzverwaltung an ein entlastendes Tax CMS bieten, darf bezweifelt werden.

1.3.2 IDW PS 980

Auf nationaler Ebene gibt es den 2011 vom Institut der Wirtschaftsprüfer verabschiedeten Standard IDW PS 980. Dieser Standard beschreibt die Grundsätze, unter denen Wirtschaftsprüfer eine freiwillige Prüfung eines CMS durchführen. Wie der ISO 19600-Standard, hat der IDW PS 980 auch ein umfassendes Compliance System zum Gegenstand (s. Abb. 1.2), dessen Bestandteile ähnlich, aber nicht deckungsgleich sind.

Abb. 1.2 Bestandteile eines Compliance Managementsystems gemäß IDW PS 980

Die vorgenannten Bestandteile eines Tax CMS bauen aufeinander auf, sind aber dabei gleichberechtigt. Für die Implementierung im Unternehmen werden jedoch immer unterschiedliche Schwerpunkte gelegt werden müssen, welcher Baustein wichtiger ist als andere. Das hängt von der Eigenart des Unternehmens, z. B. der Komplexität seiner Struktur, ab und lässt sich nicht generalisieren.

Im Gegensatz zum ISO 19600-Standard handelt es sich beim IDW PS 980 damit um einen Prüfungsstandard, der vor allem Ablauf und Durchführung einer Compliance Prüfung durch deutsche Wirtschaftsprüfer normiert. Obwohl er keine direkte Gesetzkraft entfaltet, hat er sich als vorherrschender Standard für deutsche Compliance Management Systeme etabliert (Hülsberg und Laue 2017, S. 153). Indirekt gibt dieser Standard auch Empfehlungen, wie ein Compliance-System aussehen muss, damit es einen positiven Prüfvermerk erhalten kann. Compliance ist danach ein integraler Bestandteil der Corporate Governance des Unternehmens, es ist aber nicht erforderlich, ein von allen anderen Unternehmensfunktionen gesondertes Compliance-System zu implementieren. Dies kann vielmehr auch in bestehenden Abteilungen/Stabsstellen – z. B. der Rechtsabteilung – geschehen. Der IDW PS 980 stellt insoweit nur auf die Effektivität des Systems ab. Einrichtung, Ausgestaltung und Überwachung des Compliance-Systems liegt im Organisationsermessen der gesetzlichen Vertreter; ist deren unternehmerische Entscheidung im Kontext einer auf die unternehmensindividuellen Gegebenheiten ausgestalteten Leitungspflicht, die auch die Einhaltung der bestehenden Gesetze mit umfasst.

Grundlage von Prüfungen nach dem IDW PS 980 ist stets die Dokumentation des Compliance-Systems durch das Unternehmen. Unter einem Compliance-System sind nach dem Standard die auf Basis der von den gesetzlichen Vertretern festgelegten Ziele eingeführten Grundsätze und Maßnahmen eines Unternehmens zu verstehen, die auf die Sicherstellung eines regelkonformen Verhaltens der gesetzlichen Vertreter und der Mitarbeiter des Unternehmens sowie ggf. von Dritten abzielen. Es sollen damit die Einhaltung definierter Regeln und die Verhinderung von Verstößen gegen diese Regeln festgelegt werden.

Bei diesen Aussagen der gesetzlichen Vertreter des Unternehmens über das CMS handelt es sich um eine Beschreibung expliziter und impliziter Erklärungen zu Aufbau und Grundelementen des installierten Compliance-Systems sowie zu dessen Angemessenheit, Implementierung und Wirkweise in Übereinstimmung mit den aufgestellten Compliance-Grundsätzen. Diese Grundsätze sind allgemein anerkannte Rahmenkonzepte, die vom Unternehmen selbst entwickelt als Grundsätze für sein Compliance-System dienen sollen. Der IDW PS 980 gibt dazu Beispiele und Empfehlungen, überlässt die tatsächliche Konzeption aber dem zu prüfenden Unternehmen (Hülsberg und Laue 2017, S. 153).

Der IDW PS 980 unterscheidet drei Prüfungstypen eines Compliance-Systems, die aufeinander aufbauen:

Bei der **Konzeptionsprüfung** wird beurteilt, ob das vom Management beschriebene System alle wesentlichen Elemente eines Compliance-Systems beinhaltet und ob diese zutreffend dargestellt wurden. Die Prüfung soll feststellen, ob alle für das konkrete Unternehmen erforderlichen Elemente eines Compliance-Systems vorhanden und sachgerecht dokumentiert wurden.

Für die **Angemessenheitsprüfung** wird über den Prüfungsrahmen der Wirksamkeitsprüfung hinaus beurteilt, ob das vom Unternehmen beschriebe System geeignet ist, Risiken für wesentliche Regelverstöße mit hinreichender Sicherheit rechtzeitig zu erkennen und die erkannten Verstöße zu verhindern. Außerdem wird überprüft, ob die vom Unternehmen beschriebenen Maßnahmen und Mechanismen tatsächlich zu einem definierten Zeitpunkt im Unternehmen implementiert sind.

Bei der **Wirksamkeitsprüfung** wird, aufbauend auf dem vorgeschilderten Prüfungsumfang, die Wirksamkeit und Effektivität des zu prüfenden Compliance-Systems beurteilt. Dazu wird geprüft, ob sich das beschriebene und implementierte System über einen bestimmten Zeitraum tatsächlich bewährt hat, also Regelverstöße erkannt und vermieden wurden. Diese Prüfung wird anhand einzelner Teilbereiche des Compliance-Systems durchgeführt.

1.3.3 IDW Praxishinweis 1/2016

Der Finanzverwaltung war bewusst, dass ihr Hinweis in Nr. 2.6 AEAO ins Leere läuft, wenn sich nicht Standards für die Definition und damit Überprüfbarkeit von Tax CMS herausbilden. Das BMF regte deshalb beim IDW die Einrichtung einer Arbeitsgruppe zum Thema Tax Compliance an, deren Ergebnis als IDW Praxishinweis 1/2016 „Ausgestaltung und Prüfung eines Tax Compliance Management Systems gemäß IDW PS 980" publiziert wurde (Seer 2016, S. 2198).

Der Praxishinweis knüpft an die Grundsätze des IDW PS 980 an und modifiziert sie für die Prüfung im Sinne des BMF Schreibens zu § 153 AO. Diese Ergänzung des IDW PS 980 stellt klar, dass das Tax CMS ein abgegrenzter Teilbereich des gesamten CMS ist, dessen Zweck die vollständige und zeitgerechte Erfüllung der steuerlichen Pflichten ist. Eine Prüfung nach IDW PS 980 ist entsprechend des Hinweises darauf ausgerichtet, für das geprüfte Unternehmen den Nachweis zur Angemessenheit und Wirksamkeit des Tax CMS gegenüber den Finanzbehörden zu erbringen. Die Prüfung des Tax CMS kann und soll dabei nur eine Systemprüfung sein. Die Überprüfung der Wirksamkeit des Tax CMS dient allein der Überprüfung des Gesamtsystems. Sie ist weder darauf ausgerichtet, Sicherheit über die tatsächliche Einhaltung von steuerlichen Vorschriften im Einzelfall zu erreichen, noch darauf, die Angemessenheit der von der Geschäftsführung gewählten Steuerstrategie im Einzelnen zu beurteilen. Entsprechend der Grundlinien des IDW PS 980 verlangt der Praxishinweis von einem angemessenen Tax CMS, dass es alle Elemente eines vollständigen CMS aufweisen muss.

1.4 Fazit

Die vorstehenden Ausführungen haben gezeigt, dass die Anforderungen an die straf- und steuerrechtliche Verantwortung der Unternehmensleitung zugenommen haben. Die Gefahr eines Regresses oder Strafverfahrens ist größer geworden. Gleichzeitig haben Rechtsprechung und Finanzverwaltung signalisiert, dass sie funktionierende CMS als Instrument zur Exkulpation zulassen wollen. Die Anforderungen an diese CMS wurden aber nicht weiter präzisiert. Von den diversen Rahmen für ein CMS hat sich auf nationaler Ebene der IDW PS 980 durchgesetzt, der vor kurzem um einen Anwenderhinweis auf die Ausrichtung der Tax CMS ergänzt wurde. Er ist damit das einzige CMS-Rahmenwerk, dass speziell auf steuerliche Belange zugeschnitten wurde und also für die staatlicherseits geforderte Entlastung taugt (Geuenich und Ludwig 2018, S. 1304).

Vorüberlegungen – Welches Tax CMS passt zum Unternehmen? 2

Bei der Umsetzung der einzelnen Bausteine des Tax CMS sollte sich jeder Anwender zunächst vier grundlegender Fakten bewusst werden, die für jedes Tax CMS wichtig sind:

2.1 Verhältnismäßigkeit

Die Einrichtung eines Tax CMS muss verhältnismäßig in Relation zum steuerlichen Aufwand sein, den die Steuerbelange für den Steuerzahler, sei es eine natürliche oder juristische Person, verursachen. Für die meisten Steuerzahler reicht es, die Steuererklärung selbst oder über einen Angehörigen der steuerberatenden Berufe abzubilden, denn ihre Steuerpflicht ist von übersichtlicher Komplexität. Eine gesonderte Überwachung der Einhaltung von Steuervorschriften wird die Finanzverwaltung hier nicht fordern. Ein Tax CMS wird sich daher vor allem für Unternehmen, lohnen, denn bei Ihnen treten (insbesondere mit Lohn- und Umsatzsteuer) bereits im laufenden Betrieb steuerliche Probleme von teils erheblicher Komplexität auf. Deshalb wird nachfolgend auf die Einrichtung eines Tax CMS bei Unternehmen abgestellt.

2.2 Skalierbarkeit

Sofern die Komplexität der steuerlichen Fragestellungen ein Tax CMS erforderlich macht, stellt sich die Frage nach dem Umfang dieses CMS. Das Tax CMS und seine einzelnen Bestandteile sind skalierbar, müssen also an die Größe und die Möglichkeiten des jeweiligen Unternehmens angepasst werden. Das ist insbesondere für

© Springer Fachmedien Wiesbaden GmbH, ein Teil von Springer Nature 2018
W. Pielke, *Tax Compliance,* essentials,
https://doi.org/10.1007/978-3-658-22730-2_2

kleinere und mittlere Unternehmen (KMU) bedeutsam. Entscheidend für seinen Nutzen ist nicht die Größe, sondern die Effizienz (Bürkle 2018, S. 528). Es wäre unverhältnismäßig, von jedem Unternehmen unabhängig von seiner Größe eine Umsetzung in gleichem Umfang und Qualität zu fordern. Die Bausteine können und sollten daher, z. B. bez. der verfügbaren Arbeitskräfte, individuell angepasst werden (Kromer et al. 2013, S. 160).

2.3 Zweck

Ein Tax CMS kann mehrere Zwecke erfüllen, die einzelnen Möglichkeiten werden später in dem Abschnitt über Compliance-Ziele noch näher beleuchtet. Vor dem Aufsetzen des CMS muss aber zunächst die Frage geklärt werden, was das Tax CMS leisten soll; soll es nur (Minimal-) Anforderungen oder darüber hinaus Aufgaben erfüllen. Das Verständnis einer guten Tax Compliance ist in Wirtschaft und Finanzverwaltung durchaus unterschiedlich. Die Finanzverwaltung interessiert an einem Tax CMS in erster Linie eine möglichst gute Sachverhaltserfassung. Erst, wenn die Finanzverwaltung Sachverhalte erfasst, ermittelt und beurteilen kann wird sie eine Entscheidung über die Tauglichkeit des konkreten Tax CMS treffen können. Deshalb hat die Finanzverwaltung die inhaltlichen Anforderungen an ein Tax CMS in der Änderung der AEAO zu § 153 bewusst offengelassen. Sofern allein Schutz vor dem Vorwurf von Steuervergehen gewünscht wird, reicht ein kompaktes, an der Sachverhaltsermittlung ausgerichtetes Tax CMS gemäß den Anforderungen des IDW PS 980 aus (Risse 2017, S. 2065).

Sollen hingegen weitere Potenziale (z. B. für die Steuerplanung und Steuergestaltung) genutzt werden, die sich aus der Aufbereitung der Steuersachverhalte ergeben, wird das Tax CMS entsprechend komplexer, kann aber zum Schutz auch noch einen Mehrwert für das Unternehmen generieren.

2.4 Dokumentation

Die ausführliche, geordnete Dokumentation aller vorgenannten Bestandteile des CMS und aller damit zusammenhängenden Handlungen ist für das Unternehmen essenziell. Die Daten sollten zentral gesammelt, strukturiert und verwaltet werden (Kowallik 2017b, S. 2572). Erst die Dokumentation macht das CMS nachvollzieh- und damit prüfbar. Nur wenn es überprüfbar ist, kann es gegenüber der

Finanzverwaltung als Argument gegen den Vorwurf eines Steuervergehens eingesetzt werden. Im Interesse der Zukunftsfähigkeit sollte das Datenmanagement, wie das gesamte Tax CMS, weitestgehend digitalisiert werden. Das erleichtert zunächst den Zugriff auf und die Arbeit mit dem CMS. Andererseits erleichtert ein digitales System auch die Zusammenarbeit mit den Steuerbehörden, die im Ausland teils deutlich weiter in der Digitalisierung sind als in Deutschland (Kowallik 2018, S. 602).

3 Bausteine eines Tax Compliance-Management-Systems nach IDW PS 980

Das Tax CMS gemäß des IDW PS 980 basiert auf sieben Bausteinen, die aufeinander aufbauen. Es sind dies eine **Compliance-Kultur,** die die Grundwerte des angestrebten CMS widerspiegeln sollte, die **Compliance-Ziele,** die verdeutlichen, wie das CMS ausgestaltet sein soll, die Identifikation der **Compliance-Risiken** um diese Risiken innerhalb des CMS auch beherrschen zu können, das **Compliance-Programm,** dass beschreibt, wie das CMS arbeiten soll, die **Compliance-Organisation,** die das CMS in der täglichen Arbeit umsetzen soll, die **Compliance-Kommunikation** dient der Vermittlung und Verankerung des CMS sowie die **Compliance-Überwachung,** die das Tax CMS an die sich stetig wandelnden Herausforderungen des Tagesgeschäfts anpassen soll.

Alle diese Bausteine müssen mit einander verschränkt sein, um zu einem effektiven und damit glaubwürdigen CMS zu kommen.

3.1 Compliance-Kultur

Mit Compliance-Kultur werden die Grundwerte eines CMS bezeichnet. Alle weiteren Bestandteile bauen auf dieser Compliance-Kultur auf und sollten in ihr bereits angelegt sein. Die Compliance-Kultur erfüllt verschiedene Aufgaben. Sie sagt etwas aus über die Bedeutung, die Mitarbeiter der Beachtung rechtlicher Regeln und der ordnungsgemäßen Erfüllung der daraus entspringenden Pflichten beimessen (Seer 2016, S. 2198). Compliance-Kultur kann sinnstiftend für die Implementation übergeordneter Maßstäbe wirken, an denen die Unternehmensangehörigen ihr Handeln orientieren können und sollen. Compliance-Kultur kann auch identitätsstiftend wirken, indem Mitarbeiter durch sie einen Wertekanon mit dem Unternehmen verbinden, mit dem sie sich identifizieren können. Diese

© Springer Fachmedien Wiesbaden GmbH, ein Teil von Springer Nature 2018
W. Pielke, *Tax Compliance*, essentials,
https://doi.org/10.1007/978-3-658-22730-2_3

Identifikation mit einem unternehmenseigenen Wertekanon fördert dann auch die Bereitschaft, sich rechtstreu zu verhalten und den gesetzlichen und unternehmenseigenen – z. B. ethischen – Regeln zu folgen. Durch eine Compliance-Kultur kann so die Motivation der Mitarbeiter positiv beeinflusst und zum Beispiel die Kommunikation und Entscheidungsprozesse erleichtert werden. Die Compliance-Kultur ist dadurch der erfolgsbestimmende Faktor für die Implementation und das Gelingen eines CMS im Unternehmen.

Für den IDW PS 980 ist die Compliance-Kultur deshalb erstes und maßgebliches Grundelement für ein effektives CMS. Kultur lässt sich aber nicht ohne weiteres verordnen. Die Bedeutung von und das Bewusstsein für Compliance muss erst geweckt; die Mitarbeiter dafür sensibilisiert werden. Sie müssen den Wert eines CMS für das Unternehmen verstehen und dessen Befolgung akzeptieren. Dann werden sie auch die für ein CMS notwendigen Prozesse mittragen und so zu dessen Erfolg beitragen.

3.1.1 Mitwirkung der Unternehmensleitung

Die Compliance-Kultur kann durch mehrere verschiedene Instrumente beeinflusst werden. Allen diesen Einzelmaßnahmen ist aber gemein, dass sie von der Identifikation der Unternehmensleitung abhängen. Sie muss sich mit den kommunizierten Kulturwerten gegenüber Mitarbeitern und Geschäftspartnern glaubwürdig identifizieren. Das CMS und mit ihm die Compliance-Kultur müssen ausdrücklich von der Unternehmensleitung selbst gutgeheißen werden. Essenziell ist dafür der *tone from the top,* also die Kommunikation einer Wertschätzung des Compliance-Systems durch die Geschäftsleitung (Schulz und Muth 2014, S. 266).

Hierbei ist es nicht mit einer einmaligen Anordnung getan. Compliance-Kultur muss vielmehr auch im täglichen Handeln nach außen kommuniziert werden, um glaubwürdig zu sein. Der leider häufig noch anzutreffende Ansatz, dass die Regelungen des Compliance-Systems „für alle Mitarbeiter mit Ausnahme der Geschäftsleistung“ gelten, ist deshalb unehrlich und zum Scheitern verurteilt.

Für Tax Compliance ist die Wertung durch die Geschäftsleitung vielleicht noch wichtiger als in anderen Bereichen. Die Geschäftsleitung muss deutlich kommunizieren, dass Steuern im Unternehmen nicht nur als ein „notwendiges Übel“ verstanden wird; ein Kostenfaktor den es möglichst zu vermeiden gilt. Vielmehr muss die klare Botschaft sein, dass die Befolgung steuerlicher Vorschriften Unternehmensziel und Mitarbeiterpflicht ist und dass Verstöße dagegen, auch wenn sie zum Wohle des Unternehmens begangen wurden, unbedingt verfolgt und bestraft werden. Diese Aussagen sollten von der Unternehmensführung auch vorgelebt werden.

Ein Tax CMS kann eine Gewährleistung rechtmäßigen (steuerlichen) Verhaltens im Unternehmen sowie einen Betrag zur Risikofrüherkennung und Risikominimierung im Unternehmen nur erfüllen, wenn einerseits die Mitarbeiter und andererseits die Organe des Unternehmens dieses System respektieren, leben und fortentwickeln. Es muss mit all seinen prozessualen Hindernissen und formellen Erfordernissen permanent und stringent befolgt werden. Die Tax Compliance Kultur muss sich an das gesamte Unternehmen und nicht nur an z. B. Buchhaltung und Rechtsabteilung richten. Es müssen alle Mitarbeiter einbezogen werden, deren Beschäftigung direkt oder indirekt auf steuerliche Tatbestände Auswirkungen haben kann. Das gilt z. B. für den Vertrieb, der mit mehreren lohnsteuerrechtlichen Problematiken (Geschenke, Bewirtung, Dienstwagen) für die Tax Compliance erheblich sein kann.

3.1.2 Einzelne Umsetzungsmaßnahmen

Compliance-Kultur muss, um wirksam zu sein, an das komplette Unternehmensumfeld kommuniziert werden (Mitarbeiter, Eigentümer, Geschäftspartner).

Eine Möglichkeit, das Bekenntnis der Unternehmensführung zu Rechtstreue und – befolgung konkret zu verdeutlichen, liegt in der Berücksichtigung der Compliance im **Unternehmensleitbild,** auch „Mission Statement". Viele Unternehmen haben bereits ein Leitbild formuliert, mit dem sie sich in der Geschäftswelt möglichst prägnant positionieren. Im Hinblick auf Tax Compliance sollte das Mission Statement eine deutliche Aussage enthalten, dass die Einhaltung des Steuerrechts ohne Kompromisse zum Selbstverständnis des Unternehmens zählt. Die Aussage im Mission Statement ist gewissermaßen das unternehmensinterne Grundgesetz für Compliance. Es muss deutlich werden, dass von dieser Aussage der bedingungslosen Rechtskonformität unter keinen Umständen abgewichen werden soll, Abweichungen gegen die Unternehmensinteressen verstoßen und nicht toleriert werden. Alle anderen Bestandteile des CMS bauen auf dieser Aussage auf. Ihr Erfolg hängt von der Glaubwürdigkeit dieser Aussage ab. Sie sollte deshalb so eindeutig wie möglich formuliert sein.

Mindestens so wichtig wie die Aussage, dass Compliance zum Unternehmensleitbild gehört ist die Erläuterung des Inhaltes dieses Compliance-Leitbildes gegenüber dem Adressatenkreis. Auch wenn bewusste Regelbrücke gegen die Compliance-Kultur nie ganz verhindert werden können, so beruht doch die Mehrzahl der Verstöße auf Unkenntnis der Regelungen, die aus der Compliance-Kultur durch das CMS für den einzelnen folgen.

Dazu sollten sämtliche Standards, Regelwerke und ethischen Werte, die in Konsequenz einer gelebten Compliance-Kultur zu befolgen sind, in ein **Regelwerk** vereint werden. Dieses Regelwerk sollte möglichst kompakt sein und dem Leser in einem ersten Schritt einen schnellen Überblick über die einzelnen Vorgaben bieten. In diesem Regelwerk sollten die wichtigsten Unternehmensnormen enthalten. Dazu sollte zunächst ein Verhaltenskodex (Code of Conduct) gehören. Dieser Kodex sollte die naturgemäß generellen Aussagen des Unternehmensleitbildes in konkrete Verhaltensanweisungen für die Mitarbeiter umsetzen. Dazu gehören, neben der Verpflichtung zur Rechtstreue, üblicherweise noch Diskriminierungsverbote und Regelungen zu Datenschutz, Interessenkonflikten oder Bestechung. Weiter sollte in dem Kodex auch noch geregelt werden, wie integres Verhalten im Geschäftsverkehr oder Eigentümern gegenüber zu erfolgen hat. Auch die Pflicht zu nachhaltigem Wirtschaften wird häufig im Kodex geregelt.

Je umfangreicher ein Kodex wird, desto mehr empfiehlt es sich aus Gründen der Lesbarkeit, den zentralen Kodex möglichst knapp zu halten und dazu nur die wichtigsten, zusammenfassenden Aussagen zu den einzelnen Regelungsblöcken aufzunehmen. Detailregelungen, z. B. zur Annahme von Geschenken durch Mitarbeiter, können dann in einer gesonderten Bestimmung erschöpfend geregelt werden.

Entscheidend für den Erfolg der einmal abgefassten Regelungen ist deren Verständnis beim Adressatenkreis (Schulz 2018, S. 1286). Die Regeln dürfen nicht von Experten für Experten geschrieben werden. Vielmehr sollte die Formulierung möglichst einfach und deutlich gehalten werden, um einem möglichst großen Empfängerkreis verständlich zu sein.

Jedes CMS kann nur eine Momentaufnahme des Unternehmens bieten, für das es entwickelt wurde. Alle Bestandteile sollten deshalb regelmäßig auf ihre Aktualität überprüft werden. Die Prüfung kann zweiteilig nach festen Intervallen erfolgen, sollte aber auch anlassbezogen auf Veränderungen, z. B. Eröffnung neuer Unternehmensbereiche, eingehen.

Schließlich gehört zu einer seriösen Compliance-Kultur auch ein Sanktionssystem. Nur wenn Verstöße konsequent verfolgt und bestraft werden, nehmen die Mitarbeiter des Unternehmens die von der Unternehmensleistung propagierte Compliance-Kultur ernst. Hat ein Verstoß keine Konsequenzen, sind die Regeln wirkungslos, denn sie werden erfahrungsgemäß nicht befolgt. Auch hier gilt aber im Sinne gegenseitigen Vertrauens, dass die Sanktionen klar und deutlich gefasst und kommuniziert werden. Nur dann werden sie auch akzeptiert und können das CMS schützen.

Zusätzlich zu den Sanktionen kann die Compliance-Kultur auch mit einem Anreizsystem, z. B. Zielvereinbarungen, gefördert werden. Das ist nicht unproblematisch, denn Compliance kann dadurch missverstanden werden als Voraussetzung für einen Lohnbestandteil und nicht als Selbstverständlichkeit, die eine funktionierende Compliance-Kultur sein sollte.

3.2 Compliance-Ziele

Ein weiterer Baustein sind die Compliance-Ziele des Unternehmens. Compliance-Ziele sind wichtig für das Durchsetzen der Compliance-Kultur. Ohne Ziele sind die Manifestationen einer Compliance-Kultur in Richtlinien und Statements nur Theorie. Verbunden mit den Zielen des Unternehmens wird ihr Zweck für die Mitarbeiter auch praktisch verständlich.

Der IDW PS 980 gibt selbst keine Ziele vor. Er ermöglicht so dem Unternehmen, diese Ziele selbst aus seiner konkreten Situation heraus zu entwickeln (Schefold 2012, S. 253). Unter „Ziel" ist im Kontext der Compliance die Frage zu stellen, welchen Außeneindruck das Unternehmen gegenüber der Geschäftswelt erreichen und/oder erhalten will. Erfahrungen aus der Unternehmens- oder Branchengeschichte können einen Anhaltspunkt für die zu definierenden Ziele geben. Erfahrungen im eigenen oder in fremden Unternehmen können für die Zieldefinition ebenfalls genutzt werden. Das Ziel eines Tax CMS ist laut IDW Praxishinweis 1/2016 zunächst die vollständige und rechtzeitige Erfüllung der steuerlichen Pflichten.

In Abstimmung mit den Unternehmenszielen und den allgemeinen Compliance-Zielen können weitere, spezielle Tax Compliance-Ziele definiert werden. Ergänzend zu der Grundpflicht, also der Erfüllung steuerlicher Pflichten im Hinblick auf Steuervergehen, bieten sich beispielsweise folgende Ziele an:

3.2.1 Vermeidung von Sanktionen für das Unternehmen

Ein zusätzliches Ziel kann die generelle Vermeidung von Sanktionen sein. Durch die Einführung eines Tax CMS können nicht nur strafrechtliche, sondern auch finanzielle Folgen (in Form von Säumnis- oder Verspätungszuschlägen) als auch reputative Risiken (durch negative Berichterstattung in den Medien), die sich aus etwaigen Gesetzesverstößen ergeben, minimiert bzw. gänzlich vermieden werden.

Wird nachträglich erkannt, dass eine unrichtige oder unvollständige Steuererklärung abgegeben wurde, hat die Geschäftsführung des Unternehmens die

Pflicht, dies dem Finanzamt mitzuteilen und die Steuererklärung unverzüglich zu korrigieren. Falls ein solcher Fehler allerdings den Tatbestand der Steuerhinterziehung nach § 370 AO oder der leichtfertigen Steuerverkürzung nach § 378 AO erfüllt, ergeben sich daraus ggf. auch strafrechtliche Konsequenzen für das Unternehmen und dessen Geschäftsleitung. Durch die Implementierung eines Tax CMS kann das Unternehmen zeigen, dass alles Erforderliche unternommen wurde, um Fehlern vorzubeugen. Ein Organisationsverschulden liegt damit nicht vor. Insgesamt würde das wiederum dazu führen, dass die Steuerkorrektur als schlichte Berichtigung und nicht als Selbstanzeige anzusehen wäre. Allerdings behält sich die Steuerverwaltung auch bei einem bestehenden Tax CMS eine Prüfung des Einzelfalls vor, da Vorsatztaten regelmäßig nicht durch ein solches System ausgeschlossen werden können.

3.2.2 Haftungsvermeidung für das Management

Aus Sicht des Unternehmens dient das Tax CMS zunächst der Haftungsvermeidung, aus § 34 AO oder § 13c UStG, wonach die Organe dafür verantwortlich sind, dass das Unternehmen den gesetzlichen Buchführungspflichten genügt und die Steuererklärungen abgibt. Sollten diese Pflichten (nach der der Finanzverwaltung eigenen, sehr weiten Auffassung) grob fahrlässig oder gar vorsätzlich verletzt worden sein, haftet das Organ für den entstandenen Steuerschaden, § 34 AO und § 69 AO. Das Tax CMS muss also zunächst sicherstellen, dass das Unternehmen „compliant" mit den Steuergesetzen ist.

Darüber hinaus kann ein Tax CMS auch in der Lage sein, Verstöße gegen Steuervorschriften aktiv aufzudecken. Insbesondere IT-gestützte Tax CMS können eine weitgehende Transparenz der steuerlichen Vorgänge im Unternehmen herstellen und so eine bessere Qualität und Verlässlichkeit der Abschlussprüfungen ermöglichen (Kompenhan und Wermelt 2018, S. 300). Hier ist jedoch Vorsicht geboten, wie diese Funktionen im Unternehmen angesiedelt werden sollen. Untersuchungen im Vorfeld von Ermittlungen der Staatsanwaltschaft oder der Steuerfahndung wären dann nicht beschlagnahmesicher, selbst, wenn die Ermittlungen durch Syndikusanwälte vorgenommen werden. Es bestünde damit ein Risiko, dass ein Unternehmen belastende Unterlagen durch interne Ermittlungen überhaupt erst generiert.

Auch der Umfang der Erfüllung steuerlicher Pflichten ist zu prüfen. Hier kommt die staatliche Forderung nach Transparenz des Unternehmens ist Spiel. Eine solche Transparenz kann jedoch auch übertrieben werden. Zuviel Informationen können bei der Finanzverwaltung, z. B. im Rahmen einer BP, zu erhöhtem

Prüfungsaufwand und damit auch für das Unternehmen – ohne Erfordernis – zu einem Mehraufwand und ggf. auch zu einem steuerlichen Mehrergebnis führen. Letztlich führt das dazu, dass ein Unternehmen, das seinen Offenlegungs- und Mitwirkungspflichten offensiv nachkommt, schlechter dastehen kann, als jemand, der diesen Pflichten nicht genügt, aber dadurch der Finanzverwaltung eine geringere Angriffsfläche bietet (Risse 2017, S. 2063). Ein Beispiel ist hier der häufig extensive Wunsch der Finanzverwaltung auf Datenzugriff im Rahmen der elektronischen Betriebsprüfung gem. § 149 AO. Es sollte deshalb auch im Tax CMS immer der Grundsatz der Datensparsamkeit gelten.

Ein Tax CMS kann schließlich über die gesetzlichen Pflichten hinaus noch einen betriebswirtschaftlichen Zweck verfolgen. Durch den Überblick, den ein Tax CMS über die steuerlichen Sachverhalte im Unternehmen schafft, ist auch eine Steuerplanung und – optimierung möglich und so die Senkung des steuerlichen Aufwandes.

3.2.3 Tax Planning

Tax CMS kann dazu dienen, dem Unternehmen im Rahmen des gesetzlich Zulässigen steuerliche Gestaltungsspielräume aufzuzeigen und die Möglichkeit zu eröffnen, diese zu nutzen (Tax Planning). So kann eine Steuerstrategie festgelegt und bestimmt werden, welche Ziele mit dem Tax CMS erreicht werden sollen.

Dazu zählen z. B.

- Vermeidung von zusätzlichen Belastungen durch steuerliche Nebenforderungen (Zinsen, Zwangsgelder),
- die Vermeidung von Mehrbelastungen durch sofortige Verlustverrechnungen,
- Steuerung der Konzernsteuerquote,
- Sicherstellung von Abzugsmöglichkeiten,
- Vermeidung von Mehrfacherfassungen bei Gewinnausschüttungen
- Vermeidung der Mehrfachbesteuerung bereits versteuerter Gewinne
- Allokation von Erträgen in günstigen (internationalen) Steuerregimen
- Nutzung von Steuergutschriften und -erstattungen

Tax Planning kann darüber hinaus z. B. bei einem geplanten Markteintritt in einem anderen Rechtskreis bezüglich regionaler Vorschriften, wie dem britischen Corporate Criminal Offence, sinnvoll sein (Dahlke und Reiter 2017, S. 2286). Das definierte Ziel wäre dann, alle relevanten Normen für den Markteintritt in Großbritannien bis zu einem bestimmten Zeitpunkt zu erfüllen.

Darüber hinaus kann dem Tax CMS eine Reaktionsfunktion zukommen. Sollten im Unternehmen Gesetzesverstöße auftreten, kann das Tax CMS dazu dienen, diese aufzudecken und entsprechende Gegenmaßnahmen zur zukünftigen Vermeidung erkannter Verstöße einzuleiten (Besch und Starck 2016, § 33 Rn. 112).

3.2.4 Anforderungen von Geschäftspartnern

Ein anderer Zielmoment kann in der angestrebten Kooperation mit neuen Geschäftspartnern liegen, deren Standards man erfüllen will. Viele Unternehmen, z. B. in der Autoindustrie, haben mittlerweile eigene Compliance-Standards, deren Erfüllung sie von ihren Geschäftspartnern verlangen.

3.2.5 Anforderungen von Finanzierungspartnern

Auch Finanzierungspartner können Ziele vorgeben. Das kann z. B. die Erfüllung bestimmter Reporting- oder Jahresabschlussstandards sein, die der künftige Finanzierungspartner für eine geplante Finanzierung voraussetzt oder für einen Ausstieg wünscht.

3.2.6 Ethik

Ethik kann Compliance-Ziele beeinflussen. Ethische Maßstäbe können die unterschiedlichsten Gründe haben. So kann z. B. ein Unternehmen als Ziel vorgeben, keine steuerlichen Gestaltungen mit Ländern die als Steueroasen bekannt sind, abzuwickeln.

3.2.7 Historie

Schließlich können Compliance-Ziele auch aus der Geschichte des Unternehmens folgen. So können aufgedeckte Fälle von Steuerhinterziehung in bestimmten Unternehmensbereichen zu einer besonderen Sensibilität bei der Einhaltung der einschlägigen Strafvorschriften führen.

Abgesehen von den vorgenannten Kriterien kann eine Zieldefinition aber auch auf einer grundlegenden Bedarfs- und Risikoanalyse aufbauen. Dieser Ansatz ist z. B. vorteilhaft, um schon bestehende Compliance-Mechanismen im Unternehmen zu identifizieren. Das kann z. B. ein bereits implementiertes System zum steuerlichen Belegmanagement sein. Vorhandene Systeme können in das neue CMS integriert und so Doppelungen vermieden werden.

Die definierten Compliance-Ziele dürfen aber nicht Selbstzweck werden. Compliance dient immer nur dazu, das Geschäft des Unternehmens zu ermöglichen oder zu erleichtern. Es sollte die wirtschaftlichen Unternehmensziele daher nicht mehr als nötig beeinträchtigen

Bei der Zieldefinition muss auch darauf geachtet werden, dass die definierten Ziele realistisch zu erreichen sind. Das ist vor allem bei Unternehmen unmittelbar nach strafrechtlichen Ermittlungen häufig nicht der Fall. Wenn das Unternehmen surreale Ziele definiert, schaden die der Compliance-Kultur in dem Maß wie gut definierte Ziele sie fördern können. Die Mitarbeiter erkennen die Ziele als unrealistisch und nehmen sie nicht ernst.

Schließlich reicht es nicht aus, die Compliance-Ziele generell für das Gesamtunternehmen zu definieren. Generelle Aussagen sind plakativ und wenig geeignet, die Mitarbeiter zu sensibilisieren. Was genau diese Aussagen für sie bedeuten, muss auf die einzelnen Abteilungen herunterdekliniert werden, z. B. in Form von Teilzielen.

3.3 Compliance-Risiken

Jede unternehmerische Entscheidung ist mit Risiken verbunden. Die Risiken beginnen mit der Wahl des Geschäftsfeldes, der Auswahl der Rohstoffe und Werkzeuge zur Herstellung der geplanten Produkte bis hin zu der Art und Weise ihrer Vermarktung. Alle diese Entscheidungen hängen von der Abwägung und Inkaufnahme verschiedener Risiken ab. Ohne das Eingehen von Risiken wäre erfolgreiches Wirtschaften nicht möglich. Dabei sind die einzelnen Unternehmensbereiche und -branchen unterschiedlich risikoaffin. Doch nicht nur die großen, unternehmerischen Entscheidungen sind risikobehaftet. Auch im Tagesgeschäft lauern Risiken, die überwacht werden sollten. Schließlich können die verschiedenen Abteilungen eines Unternehmens unterschiedliche Risiken beinhalten. So ist z. B. das Risiko von Korruption im Vertrieb größer als in der Buchhaltung.

Allen diesen Risiken gemein ist aber, dass es sich um systemische Risiken handelt. Bewusst riskantes Verhalten einzelner kann durch ein Tax CMS nicht verhindert werden. Es geht bei einem CMS nicht darum, jedes denkbare Fehlverhalten Einzelner zu erkennen und zu vermeiden.

Unter Berücksichtigung der Tax Compliance-Ziele sind die Tax Compliance-Risiken zu erfassen. Es muss geprüft werden, wo eine Verfehlung der Tax

Compliance-Ziele aufgrund von Verstößen gegen einzuhaltende Regeln droht und bewertet werden, wie hoch die jeweilige Eintrittswahrscheinlichkeit ist. Risiken im steuerlichen Bereich können neben der Missachtung regulatorischer Standards und der Nichteinhaltung der umfangreichen Anforderungen einzelner Steuerarten beispielsweise auch die Nichtbeachtung von Änderungen im rechtlichen Umfeld des Unternehmens, die fehlende steuerliche Berücksichtigung von Umstrukturierungen oder die Nichteinhaltung von Fristen sein.

Die Risiken aus unzureichender Erfüllung der steuerlichen Pflichten wurden früher zumeist vernachlässigt. Sofern ein Fehler offenkundig wurde, konnte dieser durch eine korrigierende Steuererklärung beseitigt werden, die auch als strafbefreiende Selbstanzeige zu werten war. Nachdem Gesetzgeber und Rechtsprechung die Anforderungen an die Strafbefreiung verschärft haben (s. o.), hat sich das geändert.

Das für die Bewältigung der dem Steuerrecht immanenten Risiken erforderliche Tax Risk Management System setzt voraus, dass innerhalb eines Unternehmens Prozesse eingeführt werden, die eine zeitnahe Erfassung der für die Bestandsaufnahme notwendigen Informationen ermöglichen. Viele Unternehmen haben dazu bereits die Identifikation von Risiken mit Risk-Management-Systemen strukturiert. Denn für die Bewertung von Risiken ist es unerlässlich, sie vorher zu kennen. Dazu dient die Risikoanalyse. Sie ist die Bestandsaufnahme der Bereiche, die durch das Tax CMS in jedem Fall abgedeckt werden müssen.

Hier bietet es sich an, in zwei Schritten vorzugehen. Zunächst sollte die Unternehmensstruktur auf Risiken hin untersucht werden. Aufbauend auf dieser Analyse sollten dann die einzelnen Risikobereiche genauer untersucht werden.

3.3.1 Bestandsaufnahme

Zur Ermittlung der Risiken sollte zunächst eine steuerliche Due Diligence, also eine Bestandsaufnahme der vorhandenen steuerlichen Risiken im jeweiligen Unternehmen erfolgen (Dobler und Lambert 2011, S. 118). Dabei ist zu beachten, dass sich die Risiken nicht allein über die von den durch die Unternehmensleitung gesetzten Zielen definieren lassen, sondern maßgeblich von den gesetzlichen Rahmenbedingungen, Größe und Struktur sowie dem Risikoprofil des konkreten Unternehmens abhängen (Handel 2017, S. 1947).

Große international tätige Konzerne haben andere Risikoprofile als mittelständische Unternehmen mit regionalem Kundenkreis. Aus dieser Organisationsstruktur ergeben sich dann auch die einzelnen Risikofelder, die separat zu begutachten sind, z. B. kann ein Risiko aus fremden Rechtsordnungen erwachsen, wenn das Unternehmen viele ausländische Dependancen hat.

Bedeutsam sind aber auch die Bereichsübergreifenden Strukturen des Unternehmens. Aus der Organisationsstruktur können sich z. B. Risiken ergeben, wenn Zuständigkeiten, z. B. für Geldwäsche, nicht oder (weitaus häufiger) nicht eindeutig geregelt sind.

Für eine umfassende Bestandsaufnahme sollten alle Unterlagen gesichtet werden, aus denen sich steuerrelevante Informationen für eine Risikoanalyse ergeben könnten. Das sind beispielsweise:

- vorhandene Tax Reviews,
- Auskünfte der mit der Steuerbearbeitung befassten Mitarbeiter und ggf. deren unternehmensinterne Dokumentation (bereits vorhandene Handbücher – „Tax Manuals"),
- Berichte der Finanzverwaltung zu
  - Außenprüfungen (inkl. darauf aufbauender Änderungsbescheide)
  - Sonderprüfungen von Lohn- und Umsatzsteuer (inkl. darauf aufbauender Änderungsbescheide),
- Unterlagen externer steuerlicher Dienstleister (Rechtsanwälte, Wirtschaftsprüfer, Steuerberater) zu
  - Beratungen des Unternehmens zu steuerlichen Sachverhalten und
  - Eingelegten Rechtsmitteln gegen Steuerbescheide,
- Sofern das Unternehmen der Prüfungspflicht unterliegt, können Informationen auch aus den „Management Letter" des Wirtschaftsprüfers gezogen werden oder
- Prüfungen der Sozialversicherungsträger

Aus den vorhandenen Unterlagen können sich Hinweise auf bereits aufgedeckte Verstöße und Risiken in der Bearbeitung steuerlicher Sachverhalte im Unternehmen und durch seine bisherigen Berater ergeben.

Besonders Unterlagen der Finanzverwaltung können aufzeigen, welche Risiken und Schwachstellen die Finanzverwaltung beim Unternehmen sieht oder bereits bemängelt hat. Es kann damit gerechnet werden, dass in vergangenen Prüfungen monierte Sachverhalte bei zukünftigen Prüfungen von der Finanzverwaltung wieder aufgegriffen werden, mithin ein besonders zu würdigendes Risiko darstellen. Die Schlussberichte sind allerdings, gerade bei komplexen Steuersachverhalten, häufig das Ergebnis von Verhandlungen. Sie geben somit u. U. nicht die volle Risikobetrachtung durch die Finanzverwaltung wieder. Es sollten deshalb auch immer die Zwischenberichte und ggf. der sonstige Schriftverkehr mit Prüfern und Beratern ausgewertet werden, um ein unverfälschtes Gesamtbild zu erhalten.

Bei der Bewertung der vorhandenen Unterlagen muss auch immer auf mögliche, zwischenzeitliche Änderungen der Steuergesetze oder der Rechtsprechung geachtet werden, die neue Risiken bedingen können.

3.3.2 Identifikation der Risikobereiche

Die zu untersuchenden Risiken lassen sich unterschiedlich ordnen. Effektiv ist die Einteilung einerseits nach laufenden, also permanenten Risiken und anlassbezogenen, also latenten Risiken.

Ein generelles Risiko in jedem Unternehmen ist der Umgang mit steuerlichen Fristen, etwa für die Abgabe von Steuererklärungen oder die Einlegung von Rechtsbehelfen gegen Steuerbescheide. Werden Fristen für die Abgabe von Steuererklärungen versäumt, kann das zu einer zusätzlichen Zinsbelastung durch Verspätungszinsen aus §§ 233 ff. AO führen. Außerdem drohen höhere Steuerfestsetzungen als Folge einer Schätzung der Besteuerungsgrundlagen sowie eine Erhebung von Zwangsgeldern. Werden Fristen für einen Einspruch oder eine Klage versäumt, kann ein nachteiliger Steuerbescheid nur noch sehr schwer geändert werden. Darüber hinaus kann ein Strafverfahren wegen Steuerhinterziehung eingeleitet oder ein Bußgeld aufgrund einer Steuerordnungswidrigkeit festgesetzt werden, wenn das Finanzamt nicht rechtzeitig oder nicht vollständig über steuerrelevante Tatsachen informiert wird. Eine effektive Fristenkontrolle gehört daher zu den Hauptaufgaben eines Tax CMS (Besch und Starck 2016, § 33 Rn. 111). Sichergestellt werden muss eine laufende und stets aktuelle Erfassung und Prüfung von Fristen sowie die permanente Fristenüberwachung und Löschung abgelaufener Fristen. Dies kann in Form einer Fristenrichtlinie erfolgen.

Weitere, wesentliche Risikofelder sind klassischerweise (Dobler und Lambert 2011, S. 120):

- Umsatzsteuer
  - Umsatzsteuerfreie Lieferungen und Leistungen
  - Innergemeinschaftliche Lieferungen und Leistungen
  - Umsatzsteuerliche Organschaft
  - Vorsteuerberechnung/-korrekturen nach § 15c UStG
  - Vorsteuerabzug
  - Optionsrechte gem. § 9 UStG
  - Kassensysteme im Hinblick auf eine Kassen-Nachschau gem. § 146 AO
- Ertragsteuer
  - Ertragsteuerliche Organschaften

  - Verlustnutzung
  - Steuerliche Einkommensermittlung (Zutreffende Berechnung von z. B. Nutzungsdauer und Anschaffungs- und Herstellungskosten im Anlagevermögen oder die korrekten Wertansätze im Vorratsvermögen, Forderungsbestände und Rückstellungen)
- Lohnsteuer
  - Scheinselbstständigkeit
  - Firmenfahrzeuge
  - Lohnsteuerfreie Vergütungsbestandteile
  - Sachbezüge
  - Arbeitnehmerüberlassung
- Organisatorische Risiken
  - Zuständigkeiten
  - Steuerkonforme Datenverarbeitung
  - Ausreichende Dokumentation der steuerrelevanten Vorfälle, Entscheidungen

Daneben können aus der spezifischen Tätigkeit des Unternehmens heraus noch andere Risikofelder immanent werden, z. B. Sachverhalte mit Auslandsbezug (DBA, Verrechnungspreise). Anlassbezogene Risiken können sich z. B. aus den Ergebnissen einer Betriebsprüfung oder Ermittlungen der Steuerfahndung ergeben.

Werden im Zuge der Risikoanalyse bestimmte Steuerarten ausgeschlossen, sollte dazu eine Dokumentation mit Darlegung der Gründe für diese Entscheidung angelegt werden.

3.3.3 Analyse der Risikobereiche

Ausgehend von den in der Struktur des Unternehmens identifizierten Risikobereichen sollten diese eingehender auf ihren tatsächlichen Risikocharakter für das Unternehmen geprüft werden. Hier kommt es auf die konkreten Risikomomente aus Tagesgeschäft oder Organisation des Unternehmens an. So ist z. B. für das Risiko der Geldwäsche relevant, ob und wie die Buchhaltung die einzelnen Finanztransaktionen im Unternehmen überwachen kann und ob diese Überwachung auch gegen die einzelnen Fachabteilungen durchgesetzt wird. Das Risiko und damit der Regelungs- und Handlungsbedarf für die Compliance ist umso geringer, je effektiver die Zahlungskontrolle erfolgt.

3.3.4 Laufende Risikoprüfung

Bei der Risikoprüfung handelt es sich nicht nur um einen einmaligen Akt zur Vorbereitung der Einrichtung eines Tax CMS. Vielmehr ist für ein wirksames Tax CMS eine fortwährende Risikoanalyse erforderlich, die Teil der kontinuierlichen Weiterentwicklung und Verbesserung des CMS ist (Handel 2017, S. 1947).

3.4 Compliance-Programm

Das Compliance-Programm ist das Ergebnis der identifizierten Tax Compliance-Risiken. Es ist in der praktischen Umsetzung der Kern bei der Einrichtung eines CMS, wobei in vielen Organisationen eine Reihe von Maßnahmen bereits besteht, deren konzeptionelle Zusammenführung bislang jedoch nicht erfolgt ist.

Das Tax Compliance-Programm umfasst Maßnahmen, die zur Umsetzung der zuvor festgelegten Ziele und zur Vermeidung der identifizierten Risiken, also zur Verhinderung von Regelverstößen entwickelt wurden oder zu entwickeln sind. Darunter sind Maßnahmen zu verstehen, wie beispielsweise Richtlinien und Verfahrensanweisungen sowie Verhaltenskodizes („Code-of-Conduct"), die grundsätzliche Reglungen treffen.

Das Tax Compliance-Programm sollte zweiteilig ausgestaltet sein. Auf der einen Seite sollte es alle übergreifenden Maßnahmen enthalten, die für den gesamten Unternehmensbereich relevant sind. Auf der anderen Seite sollten die für einzelne Fach- oder Rechtsbereiche erlassenen Maßnahmen stehen, die auch nur in diesen Bereichen umzusetzen sind.

3.4.1 Zweck eines Compliance-Programms

In die umzusetzenden Maßnahmen sollten bestehende Regelungen, die diesem Zweck dienen, einbezogen werden. Oft verfügen Unternehmen bereits über vielfältige Maßnahmen zur Risikoreduzierung. Diese Maßnahmen sind aber in der Regel nur punktuell, also nicht systematisiert.

Im Wesentlichen sind es drei Intentionen, die mit der Einrichtung eines Compliance-Programms verbunden sind:

Am wichtigsten ist zunächst die **Prävention,** also die Verhinderung von Regelverstößen. Dies wird mit den bereits geschilderten Maßnahmen zur Vermittlung eines CMS erreicht, also durch Erstellung und Vermittlung eines Verhaltenskodex, Beratung der Mitarbeiter, Schulungen.

Sofern Regelverstöße nicht verhindert werden können, ist deren **Identifikation** wichtig; sie wenigstens zu erkennen und damit die Möglichkeit zu haben, diese Verstöße für die Zukunft zu verhindern. Hinweise zur Erkennung können z. B. die interne Revision oder externe Prüfer liefern, die in regelmäßigen Abständen die Einhaltung des Präventions-Regelwerkes überprüfen. Auch kann ein anonymes internes Hinweisgebersystem („whistle blowing") installiert werden, über das Mitarbeiter Verstöße ohne Angst vor persönlichen Konsequenzen melden können.

Schließlich ist für die Ernsthaftigkeit eines CMS auch die **Reaktion** auf Verstöße wichtig, dass aufgedeckte Verstöße Konsequenzen haben. Das kann z. B. eine Anpassung des Verhaltenskodex oder sonstiger interner Richtlinien auf den aufgedeckten Verstoß sein, Es kann aber auch arbeitsrechtliche Konsequenzen bedeuten, wenn der Verstoß z. B. auf vorsätzlich regelwidrigem Verhalten einzelner Mitarbeiter beruht.

Sofern Regelverstöße aufgedeckt werden, muss das Compliance-Programm zunächst eine zeitnahe Kommunikation des Vorfalles an die intern verantwortlichen Stellen und ggf. an externe Stellen gewährleisten. Anschließend sollten die Vorfälle analysiert und Verbesserungsvorschläge für das CMS erarbeitet werden.

3.4.2 Umsetzung

Ausgehend von den festgestellten Risiken werden im Rahmen eines Tax Compliance-Programms Grundsätze und Maßnahmen eingeführt, die auf die Begrenzung der Tax Compliance-Risiken und somit auf die präventive Vermeidung von Regelverstößen ausgerichtet sind.

Für die Maßnahmen bietet sich das bereits oben geschilderte Instrumentarium an. Es sollte möglichst jedes identifizierte Risiko durch Richtlinien, Handlungsanweisungen, aber auch durch Genehmigungs- und Überwachungsprozesse abgedeckt werden. Die Maßnahmen sollten sich nicht nur die Neutralisierung der aufgedeckten Risiken zum Ziel haben. Vielmehr sollte immer zunächst von der rechtskonformen Umsetzung der steuerlichen Pflichten ausgegangen werden. Diese gilt es zu dokumentieren und im Verlauf der Dokumentation, in einem zweiten Schritt, auf die damit verbundenen Risiken einzugehen.

Die Maßnahmen sollten leicht verständlich sein, denn sie richten sich nicht nur an die mit der Materie bekannten Fachleute im Unternehmen. Sie dienen auch der Dokumentation für Externe wie Rechtsanwälte, Wirtschaftsprüfer oder Steuerberater oder die Finanzverwaltung. Für diesen zusätzlichen Adressatenkreis müssen die Maßnahmen in angemessener Zeit verständlich und nachprüfbar sein.

Aufgrund der zahlreichen Steuerarten und -themen, die in Unternehmen zu beachten sind und den jeweils sehr umfangreichen Anforderungen ist es sinnvoll, für jede relevante Steuerart bzw. jedes relevante Steuerthema eigene Regelungen zu treffen. Zu jeder dieser Regelungen gehört die Festlegung von Handlungsabläufen und die Bestimmung der jeweils Verantwortlichen und ihrer Vertreter. Auch eine klare Unterschriftenregelung für die Korrespondenz mit der Finanzverwaltung gehört hierzu.

Zur Definition der Handlungs- und Bearbeitungsabläufe gehört auch eine Kontrolle dieser Bearbeitung. In dem geschilderten Siemens-Urteil lautete der Vorwurf nicht auf mangelnde Einrichtung eines CMS sondern auf dessen unzureichende Kontrolle. Als Kontrolle bietet sich zunächst an, dass alle Entscheidungen in Rahmen des Tax CMS grundsätzlich nach dem 4-Augen-Prinzip getroffen werden. Auch zusätzlich sollten durch die jeweils vorgesetzte Stelle oder die Compliance-Abteilung immer auch Stichproben durchgeführt werden, ob Berichts- und Entscheidungswege sowie die Form eingehalten wurden.

Über die Regelungen zu einzelnen Steuerarten und -themen hinaus können übergeordnete Anweisungen erfolgen. Sinnvoll ist etwa eine detaillierte Regelung zum Ablauf des Informationsflusses. Beispielsweise muss sichergestellt werden, dass die Steuerabteilung über außerordentliche Geschäftsvorfälle wie Umstrukturierungen (Verschmelzungen, Spaltung, Anwachsung und Veräußerung) etc. informiert ist, um deren steuerliche Effekte in den Steuererklärungen berücksichtigen und die Einhaltung sonstiger Mitwirkungspflichten gewährleisten zu können.

Die systematische Normierung der Verhaltenspflichten für die Mitarbeiter des Unternehmens ist ein wesentlicher Baustein für die Wirksamkeit eines Tax CMS aus Sicht der Finanzverwaltung im Hinblick auf § 153 AO. Die Dokumentationen dürfen nicht nur Pflichtenhefte sein. Sie sollten vielmehr jeden steuerrelevanten Prozess ausführlich abbilden, also von der Aufzeichnung über die Bearbeitung bis hin zur Archivierung. Dazu gehören auch Maßnahmen für den Fall eines festgestellten Compliance-Verstoßes. Es ist klar zu regeln was zulässig, was unzulässig ist und was für Konsequenzen Verstöße haben können.

Verfahrensdokumentationen gehören zu den Arbeitsanweisungen und sonstigen Unterlagen i. S. v. § 257 Abs. 1 HGB bzw. § 147 Abs. 1 AO und sind über die Frist von 10 Jahren aufzubewahren. Für die Prüfung eines entlastenden Tax CMS ist dessen Dokumentation essenziell. Die Gesamtheit der Einzelmaßnahmen sollte deshalb immer auch von der Überlegung getrieben sein, ob die Dokumentation einem externen Dritten glaubhaft machen kann, dass die Inhalte einer Tax Compliance vollumfänglich verstanden und umgesetzt wurden.

3.5 Compliance-Organisation

Die im Programm definierten Risiken müssen als nächster Schritt im Unternehmen überwacht werden. Die Verantwortlichkeit für Tax Compliance wird als Aufgabe der Corporate Governance der Unternehmensleitung zugewiesen, denn die rechtlich verantwortliche Unternehmensleitung hat für die Einhaltung der gesetzlichen Vorschriften zu sorgen. Für Aktiengesellschaften stellt das der Deutsche Corporate Governance Kodex in Tz. 4.1.3 klar.

Dazu muss im Unternehmen, als Bestandteil des CMS, eine effektive Compliance-Organisation mit klarer Zuordnung von Rollen und Verantwortlichkeiten eingerichtet werden (Seer 2016, S. 2198). Die Organisation sollte in Größe und Ausprägung individuell auf das einzelne Unternehmen und seine Besonderheiten zugeschnitten sein. Für die Einrichtung der Organisation gibt es mehrere Alternativen. Es kann die Bildung einer Compliance-Funktion, eines Compliance-Gremiums oder der Verzicht auf eine solche Stelle infrage kommen. Die Unternehmensgröße und Komplexität sowie der Regulierungsgrad der Branche spielen eine entscheidende Rolle für die Entscheidung, ob eine eigenständige Compliance-Organisation geschaffen wird oder eine Zuordnung der entsprechenden Aufgaben zu bereits existierenden Unternehmensfunktionen erfolgt (Besch und Starck 2016, § 33 Rn. 112).

3.5.1 Zentrale Compliance-Funktion

Zentrale Compliance-Funktionen können die unterschiedlichsten Ausgestaltungen haben. Die Angliederung der Compliance-Organisation an die Rechtsabteilung ist verbreitet. Je nach Größe des Unternehmens übernimmt ein Jurist dann teilweise oder Vollzeit, allein oder mit einem Team die Funktion des Compliance-Beauftragten. Die Compliance-Funktion ist dabei üblicherweise direkt dem Vorstand unterstellt, um einen direkten Kommunikationsstrang zum Management zu gewährleisten. Denkbar ist auch, dass die Compliance-Funktion direkt in der Unternehmensleitung angesiedelt wird. Das bietet sich vor allem bei kleineren Unternehmen an, wenn das Management über entsprechende Fachkompetenz verfügt.

Eine zentrale Compliance-Funktion sollte prominent angesiedelt sein und direkt an die Unternehmensleitung berichten können. Weiterhin ist es wichtig, dass die Compliance-Abteilung in alle steuerrelevanten Prozesse zumindest nachrichtlich eingebunden ist.

Der Vorteil einer solchen Compliance-Funktion liegt in klaren Strukturen. Verantwortung kann direkt und damit transparent delegiert werden. Umgekehrt sind die Meldewege nach oben kurz, was eine schnelle und damit glaubwürdige Reaktionsmöglichkeit auf Compliance-Vorfälle ermöglicht. Durch die direkte Ansiedelung im Unternehmensmanagement wird der *„tone from the top"* in der Organisation belegt (Kromer et al. 2013, S. 160). Hemmende Konflikte mit den Interessen anderer Unternehmensabteilugen können so vermieden werden. Für die inhaltliche Ansiedlung der Tax Compliance-Organisation im Unternehmen bieten sich m.E. nur zwei sinnvolle Alternativen an:

Inhaltlich bietet sich eine Ansiedlung an der Steuerabteilung – sofern im Unternehmen vorhanden – an. Die Kenntnis des Steuerrechts und der unternehmensspezifischen Probleme ist hier vorhanden. Andererseits müsste die Steuerabteilung dann ihr eigenes Handeln kontrollieren, was zu Schwierigkeiten bei Organisation und Durchführung treffen kann.

Umgekehrt verhält es sich bei einer Ansiedlung in der Rechtsabteilung. Die Kontrolle ist von hier aus häufig leichter durchzusetzen, vor allem, wenn auch hier steuerlicher Sachverstand vorhanden ist.

3.5.2 Compliance-Gremium

Die Alternative zur zentralen Compliance-Funktion ist die dezentrale Organisation des Tax CMS. Compliance würde separat in den einzelnen Abteilungen des Unternehmens organisiert, Abstimmungen ggf. in einem übergreifenden Gremium erfolgen.

Für diese Variante spricht zunächst der Kostenfaktor. Allerdings wird die Preisgünstigkeit mit einem Mangel an Effektivität erkauft. Eine vielfach aufgeteilte Compliance-Organisation verwischt die Zuständigkeitsgrenzen. Von Fachabteilungen organisierte und verantwortete Compliance unterliegt einem Risiko der Fachblindheit gegenüber den lokalen Compliance-Risiken. Außerdem birgt die Verantwortung von operativem Geschäft einer Unternehmenseinheit und dessen Compliance, also der Überwachung dieses Geschäfts immer einen potenziellen Interessenkonflikt. Eine so organisierte Compliance ist damit nicht sehr glaubwürdig.

3.5.3 Keine eigenständige Compliance-Organisation

Eine dritte denkbare Alternative wäre der völlige Verzicht auf eine eigenständige Compliance-Organisation. Die Compliance-Zuständigkeit wird en bloc einer bestehenden Abteilung, z. B. der Rechtsabteilung oder der Revision zugeordnet. Die Probleme der Sachnähe, Fachblindheit und von Interessenkonflikten lassen sich so weitgehend vermeiden.

Das kann sich vor allem für kleine Unternehmen aus Kapazitätsgründen anbieten. In diesen Einheiten bestehen in der Regel übersichtliche Organisationstiefen und überschaubare Compliance-Risiken.

3.5.4 Einbindung externer Berater

Für die Bewältigung aller aufkommenden Fragen aus dem Betrieb des Tax CMS werden erfahrungsgemäß nur wenige Compliance-Abteilungen eigenständig in der Lage sein. Es werden immer wieder Fragen auftauchen, die über die Kenntnisse der mit dem Tagesgeschäft befassten Mitarbeiter hinausgehen; z. B. bei grenzüberschreitenden Sachverhalten.

Bisher ist es üblich, hier von Fall zu Fall externe Experten einzubinden (Kromer et al. 2013, S. 159). Das lässt sich aber schlecht in einem CMS abbilden. Es sollten daher, sofern absehbar erforderlich, externe Sachverständige, z. B. über Rahmenverträge, in die Compliance-Organisation eingebunden werden.

3.5.5 Notwendige Technisierung der Organisation

Beim Aufbau der Tax Compliance-Organisation sollte besonders auf eine adäquate technische Ausstattung geachtet werden. Eine der Finanzverwaltung bekannte Tax Compliance-Abteilung wird erster Ansprechpartner bei zukünftigen Betriebsprüfungen und Ermittlungen sein. Sie sollte deshalb entsprechend in der Lage sein, Anfragen nach den gültigen technischen Standards beantworten zu können. Die technischen Anforderungen an die erforderliche IT-Infrastruktur sind von der Finanzverwaltung nicht im Einzelnen definiert, der Anwendungserlass zu § 153 AO ist insoweit bewusst vage gehalten. Es ergeben sich aber mehrere Anhaltspunkte, an denen die Struktur zweckmäßigerweise ausgerichtet werden sollte.

Einen Ansatzpunkt kann die von der BaFin herausgegebene MaRisk liefern. Dieser Leitfaden regelt die Mindestanforderungen an ein Risk Management System gem. § 25a KWG aus Sicht der BaFin[1]. Die Vorschrift definiert in ihrem

[1]Rundschreiben 09/17 (BA) – Mindestanforderungen an das Risikomanagement – MaRisk vom 27.10.2017, Az. BA 54-FR 2210-2017/0002.

allgemeinen Teil in Ziffer AT 7.2 auch die Anforderungen an ein IT-System. Danach soll das System in Soft- und Hardware angemessen ausgestattet und getestet sein. Außerdem soll laufende Pflege dokumentiert geregelt und tatsächlich durchgeführt werden. Diese Anforderungen sind nur für BaFin-regulierte Unternehmen verbindlich. Sie lassen sich jedoch als Standard auch für andere Unternehmen heranziehen. Allerdings definieren sie eben nur Mindestanforderungen. Wenn diese erfüllt werden, ist dies von der Finanzverwaltung sicherlich als Argument für die Ernsthaftigkeit eines Tax CMS zu werten.

Weitere Anforderungen an die IT Compliance-Struktur ergeben sich indirekt aus den Anforderungen der Finanzverwaltung an eine elektronische Buchprüfung (Kowallik 2017a, S. 1996). Die Rahmenbedingungen liefern die §§ 140 ff. AO. Das BMF hatte dazu ein Rundschreiben zu den Grundsätzen zur ordnungsmäßigen Führung und Aufbewahrung von Büchern, Aufzeichnungen und Unterlagen in elektronischer Form sowie zum Datenzugriff (GoBD) herausgegeben[2]. Die GoBD fassen die seit dem 01.01.2015 geltenden Anforderungen der Finanzverwaltung an IT-gestützte Buchhaltung und das Einsichtsrecht der Finanzverwaltung gem. §§ 140 ff. AO zusammen. Fehler in der Nachvollziehbarkeit und den Zugriffsmöglichkeiten gehen grundsätzlich zulasten des Steuerpflichtigen. Auch hier äußert sich wieder das primäre Interesse der Finanzverwaltung an der Sachverhaltsaufklärung. Unternehmen sollten deshalb vor allem auf die Dokumentation ihrer IT-Struktur achten, die insbesondere bei komplexen IT-Systemen anspruchsvoll sein kann.

3.6 Compliance-Kommunikation

Mit der Compliance-Kommunikation soll sichergestellt werden, dass die Mitarbeiter über die sie betreffenden Grundsätze und Maßnahmen des Tax Compliance-Programms und die ihnen zugewiesenen Aufgaben informiert werden (Seer 2016, S. 2198). Es geht um die Umsetzung des zuvor definierten und ausgearbeiteten Tax CMS in die tägliche Praxis. Im Unternehmen wird zudem festgelegt, wie Compliance-Risiken sowie Hinweise auf mögliche und festgestellte Regelverstöße an die zuständigen Stellen im Unternehmen (z. B. die gesetzlichen Vertreter und erforderlichenfalls das Aufsichtsorgan) berichtet werden. Das Element der Compliance-Kommunikation spielt sowohl im Aufbau als auch im Regelbetrieb des CMS eine wesentliche Rolle.

[2]BMF-Schreiben vom 14.11.2014, Az. IV A 4-S 0316/13/10003.

3.6.1 Kommunikation beim Aufbau des Tax CMS

Nachdem „Papier schwarz gemacht" wurde, ist es mindestens genauso wichtig, die Inhalte des entwickelten Tax CMS in das Unternehmen zu transportieren und so bekannt zu machen. Für den Aufbau eines CMS gibt es unterschiedliche Phasen mit differenziertem Kommunikationsbedarf. Zunächst muss das CMS während der Implementierungsphase seinem Adressatenkreis vermittelt werden.

Im Rahmen des Aufbaus und der Überführung in den Regelbetrieb sollten die Mitarbeiter, die innerhalb des CMS definierte Rollen und Verantwortlichkeiten übernehmen, ausreichende Informationen erhalten, damit sie zur Ausführung ihrer Tätigkeiten befähigt sind. Gleichermaßen müssen alle Mitarbeiter, die in ihrer täglichen Arbeit von den Grundsätzen und Maßnahmen des Compliance-Programms betroffen sind, über das CMS informiert werden. Es bietet sich an, das Regelwerk in Schulungen zu vermitteln. Darüber hinaus kann es sinnvoll sein, das Thema Compliance im Unternehmen generell durch Informationsmaterial bekannt zu machen, um auch bei Mitarbeitern, die nicht direkt von Maßnahmen betroffen sind, die Bedeutung eines regelkonformen Verhaltens herauszustellen. Dazu können z. B. Broschüren oder Übersichten im Intranet zur Verfügung gestellt werden.

Auch gegenüber Kunden sollte das CMS mit seiner Implementierung bekannt gemacht werden. Man kann dabei auf ähnliche Informationsmaterialien wie bei Mitarbeitern zurückgreifen, freilich eingeschränkt auf den die Kunden betreffenden Teil des CMS.

Compliance-Kommunikation kann auch ein Instrument der Öffentlichkeitsarbeit sein. Vor allem große Unternehmen kommunizieren den wesentlichen Inhalt ihres CMS an die Öffentlichkeit. Insbesondere die Grundprinzipien wie das Mission Statement eignen sich für diese Art der Kommunikation.

3.6.2 Laufende Kommunikation

Nach der Implementierung gilt es, das Bewusstsein für Compliance und die Befolgung des Tax CMS bei den Mitarbeitern aufrecht zu erhalten.

Gegen das Vergessen hilft zunächst die Auffrischung des einmal Erlernten. Hierzu dienen die üblichen Schulungsmaßnahmen. Inhaltlich sollte immer wieder ein anderer Schwerpunkt gesetzt und/oder auf aktuelle Vorfälle Bezug genommen werden.

Zur Kommunikation gehört neben der Wissensvermittlung auch das Melden von Verstößen innerhalb der betrieblichen Compliance-Hierarchie. Das ist ein heikles Thema, denn es kann u. U. arbeitsrechtliche Folgen haben. Für eine effektive Fehlerüberwachung muss den Mitarbeitern ein transparenter Weg zugestanden werden, mit Fehlern umzugehen. Im Tax CMS sollte eine whistle-blowing-Funktion vorhanden sein, in der Mitarbeiter compliancewidriges Verhalten melden können. Haben Mitarbeiter der Möglichkeit, Verstöße anzuzeigen, ohne Konsequenzen fürchten zu müssen, trägt das zur Glaubwürdigkeit des CMS bei und stärkt die Compliance-Kultur.

Auch ohne whistle blowing können Mitarbeiter ermutigt werden, Fehler und Versäumnisse schnell zu melden, um die Folgen für das Unternehmen möglichst gering zu halten. Das kann z. B. mit einer Klarstellung erreicht werden, dass solche Meldungen, weil im Interesse des Unternehmens, nicht oder in der Regel nicht arbeitsrechtliche Folgen haben. Den Mitarbeitern muss die Angst genommen werden, Fehler einzugestehen. Grenzen findet eine solche Nachsicht naturgegeben dort, wo Versäumnisse den Bereich strafbarer Handlungen erreichen. Auch das muss klar kommuniziert werden; andernfalls könnte ein Organisationsverschulden der Unternehmensleitung gerade durch die Implementierung des Tax CMS erst entstehen.

Compliance-Kommunikation umfasst auch das Lernen aus Fehlern. Dazu sollten Verstöße und ihre Ursachen, wenn möglich, zur Vermeidung künftiger Verfehlungen an die potenziell betroffenen Mitarbeiter kommuniziert werden.

3.6.3 Wissensvermittlung

Die wesentlichen Pflichten rund um die steuerliche Compliance sollten den Mitarbeitern bereits aus der täglichen Arbeit und punktuell aus sicher zuvor vorhandenen Richtlinien und Arbeitsanweisungen bekannt sein. Das Steuerrecht nimmt schließlich in jedem Unternehmen eine prominente Stellung ein. Neu zu vermitteln dürfte in jedem Fall die Systematisierung und Überwachung der Pflichten sein. Für deren Erfüllung gilt es die Mitarbeiter zu sensibilisieren. Nur wenn jeder Mitarbeiter die Inhalte des Tax CMS kennt oder zumindest weiß, wo er Kenntnis nehmen kann. Es reicht deshalb nicht aus, allein Handbücher zu verteilen und arbeitsrechtlich deren Befolgung zu verankern. Zur Vermittlung der Compliance-Kultur ist daher die Wissensvermittlung erforderlich. Die Unternehmensleitung sollte diese Wissensvermittlung möglichst individuell auf das Unternehmen abstimmen.

Es haben sich, dazu aber zwei Maßnahmen bewährt, die idealerwiese aufeinander aufbauen.

Das Wissen um die Compliance-Kultur und deren Verankerung in den einzelnen Regelungen lässt effektiv nur aktiv vermitteln. Es gibt unterschiedlichste Formate zur Wissensvermittlung.

Dazu haben sich Schulungen der Mitarbeiter bewährt. Diese Schulungen können in verschiedenen Formen stattfinden. Zunächst gibt es die klassische Version als Mitarbeiterversammlung. So kann die Vermittlung auch delegiert werden, indem zunächst leitende Angestellte in Präsenzveranstaltungen geschult werden, die dann ihren Untergebenen eigenverantwortlich das Erlernte weitervermitteln.

Daneben sind auch alternative Formen der Wissensvermittlung denkbar, z. B. elektronisch durch E-Learning mit Anwendungen, die auf allen EDV-Arbeitsplätzen installiert werden und bei Arbeitsbeginn verlangen, dass Fragen zur Compliance beantwortet werden. Die Schulungen sollten die Mitarbeiter mit einbeziehen, denn in der Kooperation lassen sich bessere Lernerfolge erzielen. Jede Schulungsmaßnahme sollte den Lernerfolg im Blick haben, der z. B. durch kurze Tests gesichert werden kann.

Für das einmal vermittelte Wissen kann zusätzlich eine Beratungsstelle eingerichtet werden. Diese kann z. B. intern beim Compliance Officer oder extern bei einem Dienstleister eingerichtet werden. An die Stelle sollten sich alle Mitarbeiter mit Fragen zu Compliance-Themen wenden können. Die Beratungsstelle kann dabei helfen, die Compliance-Fragen des Alltags zu lösen und den Mitarbeitern Hilfe bei der Umsetzung des CMS zu geben. Dadurch kann die Kenntnis des CMS gestärkt werden.

3.7 Compliance-Überwachung/Verbesserung

Jedes CMS überwacht einen wirtschaftlichen Prozess und diese Prozesse verändern sich beständig. Damit das Tax CMS seine Funktion dauerhaft erfüllen kann, muss es fortlaufend überwacht und hinterfragt werden. Nur so kann es seiner Überwachungsfunktion gerecht werden (Besch und Starck 2016, § 33 Rn. 114).

Sofern (potenzielle) Schwachstellen des Tax CMS identifiziert werden, ist es für seine Wirksamkeit maßgeblich, die Ursachen zu analysieren und zu beheben. Die Überwachung des Tax CMS erfolgt einerseits im Rahmen der innerhalb des CMS-Programms vorhandenen Kontrollen zur Sicherstellung der Wirksamkeit des Systems.

Andererseits ist die CMS-Überwachung durch prozessunabhängige Stellen durchzuführen, z. B. durch die Interne Revision. Für eine systematische und konsistente Sicherstellung der erforderlichen Überwachungsmaßnahmen, vor allem der prozessunabhängigen Tax CMS-Überwachung, sind folgende Aspekte von Bedeutung:

3.7.1 Verantwortlichkeiten

Die Überwachung soll mit klaren Verantwortlichkeiten definiert werden. Hierzu bietet sich die Einrichtung eines zentralen Ansprechpartners an, der die einzelnen Bereiche/Regelungen des CMS überprüft oder diese Überprüfung anstößt. Je nach Unternehmensgröße sollte die Verantwortlichkeit hierarchisch auf mehrere Personen aufgeteilt werden. Dem zentral Verantwortlichen können Sachbearbeiter mit Verantwortung für einzelne Teilbereiche zur Seite gestellt werden.

Dieser Ansprechpartner kann auch ein externer Sachverständiger sein. Das hätte den Vorteil, dass dieser mit Blick von außen das CMS begutachten kann.

3.7.2 Überwachung

Die Überprüfung ist Aufgabe der Compliance-Funktion und sollte idealerweise ebenfalls in einem Regelwerk festgehalten werden. Sie muss eine regelmäßige und risikobasierte Überwachung gewährleisten und dafür Sorge tragen, dass das Tax Compliance-Regelwerk auch befolgt wird. Dazu gehört insbesondere, die Prüfung, ob Überwachungs- und Kontrollfunktionen (z. B. 4-Augen-Prinzip) von den betroffenen Abteilungen des Unternehmens eingehalten werden. Für die Überwachungsstelle sollte ein möglichst detaillierter Plan ausgearbeitet werden, wie das einmal installierte und eingeführte CMS überwacht werden kann. Dazu bieten sich Prüfungen der einzelnen Regelwerke nach festgelegten Intervallen und anlassbezogen an.

Verstöße müssen den zur Überwachung des Tax CMS zuständigen Personen möglichst schnell zur Kenntnis gebracht werden. Dazu muss das Berichtswesen über Verletzungen des CMS klar regeln, wann wer an wen wie beichtet.

3.7.3 Auswertung/Verbesserung

Ein weiterer Punkt ist die Weiterentwicklung des Tax CMS. Dazu sollte die tatsächliche Durchführung, Wirksamkeit und Angemessenheit der implementierten

Richtlinien und sonstigen Standards ständig hinterfragt und weiterentwickelt werden, um sicherzustellen, dass keine unnötigen Arbeitsabläufe entstehen oder aber Fehler entdeckt und nicht behoben werden.

Das Risikopotenzial der einzelnen Steuer – und Unternehmensbereiche muss ständig darauf hinterfragt werden, ob die getroffenen Regeln es noch angemessen widerspiegeln. Die Unternehmensprozesse müssen weiterhin permanent auf neue Risikofelder überprüft werden.

Zum Erkennen neuer Risiken ist es wichtig, dass die Compliance-Abteilung „nah am Geschehen" also in die Bearbeitung der steuerlichen Sachverhalte effektiv eingebunden ist. Das sollte im Rahmen der technischen Ausstattung der Compliance-Organisation erfolgt sein.

Ein anderer Aspekt ist die aktive Meldung neuer Risiken durch die bearbeitenden Mitarbeiter. Dafür ist relevant, dass die Tax Compliance-Kultur im Unternehmen greift, denn nur dann kann sich die Compliance-Abteilung auf proaktive Meldungen verlassen und ist nicht oder weniger auf eigene Stichproben angewiesen.

Ein zusätzlicher, gern vernachlässigter Punkt ist die Praktikabilität der getroffenen Regelungen und Maßnahmen. Gute Compliance ist immer eine Gratwanderung zwischen sicherem CMS und wirtschaftlicher Betrachtung des dadurch verursachten Aufwands. Vor allem, wenn Regelungen des Tax CMS nicht befolgt werden, sollte immer danach gefragt werden, ob das an einer mangelnden Praktikabilität liegt. Auch die Prozessabläufe und Verantwortlichkeiten für Überprüfungen sollten schriftlich festgehalten und dokumentiert werden.

Überprüfungen und Verbesserungen sind idealerweise permanent durchzuführen. Das werden aber nur große Compliance-Abteilungen leisten können. Ein Kompromiss kann sein, jedes Jahr zu festgelegten Terminen die einzelnen Bestandteile der Regelwerke zu hinterfragen und ggf. zu überarbeiten. Davon zu unterscheiden sind Maßnahmen aufgrund konkreter Informationen, auf die sofort reagiert werden sollte.

Schließlich müssen die Informationen aus Verstößen und auch Erfahrungen aus der täglichen Arbeit mit dem CMS aufgearbeitet werden. Resultat dieser Aufarbeitungen kann dann die Information des Managements sein. Informationen zu den durchgeführten Überwachungsmaßnahmen und deren Ergebnissen zählen zu den wesentlichen Informationen für die Aufsichtsorgane, damit sie ihrer Pflicht zur Überwachung der Wirksamkeit des CMS im Unternehmen nachkommen können (z. B. nach § 107 Abs. 3 AktG).

Außerdem sollten relevante Erkenntnisse über unzureichende Funktion des CMS nach dem Grundsatz des selbstlernenden Systems in die Verbesserung des

CMS einfließen. Die so verbesserten Bestandteile werden dann in einem letzten Schritt dem Adressatenkreis (Mitarbeitern und/oder Dritten) vermittelt.

Schluss

Das Tax CMS ist ein in sich abgeschlossener Teilbereich des CMS. Damit dieses System die gewünschte Wirkung entfalten kann, muss es alle Elemente eines CMS nach dem IDW PS 980 aufweisen. Besonderes Augenmerk ist dabei auf die Ermittlung der unternehmensspezifischen Steuerrisiken, Ansiedelung und Ausstattung der Compliance-Abteilung zu legen.

Was Sie aus diesem *essential* mitnehmen können

- Ein Tax Compliance Management System (Tax CMS) ist für jedes Unternehmen dringend geboten, um die sorgfältige Erfüllung steuerlicher Pflichten gegenüber dem Finanzamt nachzuweisen.
- Als Grundgerüst für ein Tax CMS eignet sich der IDW PS 980-Standard. Ein Tax CMS besteht danach aus sieben aufeinander aufbauenden Compliance-Modulen (Kultur, Ziele, Risiken, Programm, Organisation, Kommunikation und Überwachung/Verbesserung).
- Ein Tax CMS ist für Unternehmen jeder Art und Größe nach dem IDW PS 980 implementierbar. Das Tax CMS ist kein starrer Rahmen, sondern muss immer auf die individuellen steuerlichen Eigenheiten und vor allem Risiken des Unternehmens zugeschnitten werden. Maßgeblich ist stets, dass Compliance tatsächlich gelebt und dokumentiert wird.
- Ein funktionierendes Tax CMS bietet einen Überblick über die steuerliche Verfassung des Unternehmens. Es kann dadurch über seine Überwachungsfunkion hinaus einen Mehrwert für die Unternehmenssteuerung liefern, etwa für die Planung steuerlicher Gestaltungen.

© Springer Fachmedien Wiesbaden GmbH, ein Teil von Springer Nature 2018

W. Pielke, *Tax Compliance,* essentials,
https://doi.org/10.1007/978-3-658-22730-2

Literatur

Besch, Christoph und Starck, Arnulf. 2016. 2. Abschnitt. Grundelemente eines Compliance-Systems, § 33 Tax Compliance. In *Corporate Compliance*, hrsg. Christoph E. Hauschka et al. München: C.H. Beck.

Bürkle, Jürgen. 2018. Die Bußgeldrelevanz des Compliance-Managements. *BetriebsBerater*: 525–529.

Dahlke, Jürgen und Reiter, Christian. 2017. Neue Herausforderung für das Tax Compliance Management in Deutschland: der Straftatbestand des britischen Corporate Criminal Offence. *BetriebsBerater*: 2283–2287.

Dobler, Thomas und Lambert, Antje. 2011. Aufbau eines Tax Compliance Systems. Synergien aus der Tax Due Diligence. *Zeitschrift für Risk, Fraud & Compliance*: 118–126.

Geuenich, Markus und Ludwig, Stephan. 2018. Tax Compliance-Management-Systeme (Tax CMS) – Einordnung durch Finanzbehörden und Gerichte. *BetriebsBerater*: 1303–1306.

Handel, Timo. 2017. Tax Compliance – Voraussetzungen und Enthaftung nach IDW PS 980. *Deutsches Steuerrecht:* 1945–1949.

Hülsberg, Frank M. und Laue, Jens C. 2017. B. Die Prüfung von Compliance Management Systemen nach dem IDW PS 980. 3. Kapitel Compliance Organisation in der Praxis. In *Compliance. Aufbau – Management – Risikobereiche*, hrsg. Inderst et al. Heidelberg: C.F. Müller.

Kowallik, Andreas. 2017a. Vom IKS für Steuern zum Tax CMS: Aktueller Stand sowie Anpassungsbedarf bei IT-Lösungen. *Der Betrieb:* 1994–1997.

Kowallik, Andreas. 2017b. Vom Steuer-IKS zum Tax CMS: Aktueller Stand sowie praktische Umsetzung in global tätigen Unternehmen mit Investitionen im Ausland. *Der Betrieb*: 2571–2575.

Kowallik, Andreas. 2018. Herausforderungen aus der Besteuerung hybrider und digitaler Geschäftsmodelle. *Der Betrieb:* 599–602.

Kromer, Christoph, Pumpler, Reinhard und Henschel, Katharina. 2013. Beurteilung der Effektivität eines Tax Compliance Systems – Teil 1. *Compliance Berater:* 156–162.

Risse, Robert. 2017. Steuerliche Transparenz durch ein Tax Compliance System und die Anforderungen nach IDW PS 980. *Der Betrieb:* 2061–2066.

© Springer Fachmedien Wiesbaden GmbH, ein Teil von Springer Nature 2018
W. Pielke, *Tax Compliance*, essentials,
https://doi.org/10.1007/978-3-658-22730-2

Schefold, Christian. 2012. Compliance-Ziele im Sinne des IDW PS 980. Wohin geht das Unternehmen und sein Compliance Management System (CMS)? *Zeitschrift für Risk, Fraud & Compliance:* 253–256.

Schulz, Martin und Muth, Thomas. 2014. Erfolgsfaktor Compliance Kultur – Grundlagen und Hinweise zur Gestaltung durch die Unternehmensleitung. *Compliance Berater:* 265–271.

Schulz, Martin. 2018. Compliance-Management im Unternehmen – Wirksamkeitsfaktor „Compliance-Kultur". *BetriebsBerater*: 1283–1287.

Seer, Roman. 2016. Berichtigung nach § 153 AO oder Selbstanzeige nach §§ 371, 398a AO? *Der Betrieb:* 2192–2199.

springer-campus.de

Zertifikatskurs Compliance-Manager

Der Zertifikatskurs Compliance-Manager/-in beinhaltet die rechtlichen und betriebswirtschaftlichen Grundlagen, die für den Aufbau, die Integration und das Management einer Compliance-Struktur im Unternehmen erforderlich sind. Die Studienschwerpunkte Grundlagen Wirtschaftsrecht, Wettbewerbs- und Kartellrecht, Risikomanagement sowie Compliance-Management werden in vier Modulen im Rahmen eines Blended Learning-Konzeptes mit Fernstudium, Präsenzeinheiten und eLearning-Elementen vermittelt. Hochschullehrer mit umfassender Praxiserfahrung bieten einen ganzheitlichen Zugang zu den Themen. Der Kurs wird in Kooperation mit der privaten, staatlich anerkannten Hochschule NORDAKADEMIE angeboten.

Alle Teilnehmer erhalten am Kursende eine Teilnahmebescheinigung. Teilnehmer, die ein Zertifikat mit 20 ECTS-Credits erwerben möchten, haben die Möglichkeit nach Ablauf des Kurses eine entsprechende Prüfung an der NORDAKADEMIE abzulegen.

Jetzt informieren

Infos unter springer-campus.de

Part of SPRINGER NATURE

A40712 | Image: Dockland, Standort der NORDAKADEMIE